KB180573

송범의 춤예술, 그 새로운 발견

송범의 춤예술, 그 새로운 발견

초판 1쇄 인쇄 2017년 11월 23일
초판 1쇄 발행 2017년 11월 30일

지 은 이 이찬주·황희정
펴 낸 이 이대현
펴 낸 곳 도서출판 역락

책임편집 이태곤
편　　집 권분옥 홍혜정 박윤정 문선희
디 자 인 안혜진 최기윤 홍성권
마 케 팅 박태훈 안현진 이승혜

주　　소 서울시 서초구 동광로 46길 6-6(반포4동 577-25) 문창빌딩 2층(06589)
전　　화 02-3409-2058
팩　　스 02-3409-2059
전자메일 youkrack@hanmail.net
블 로 그 http://blog.naver.com/youkrack3888
등록번호 1999년 4월 19일 제303-2002-000014호

정가는 책 뒤표지에 있습니다.
ISBN 979-11-6244-007-0 03680

*이 도서의 국립중앙도서관 출판예정도서목록(CIP)은 서지정보유통지원시스템 홈페이지(http://seoji.nl.go.kr)와 국가자료공동목록시스템(http://www.nl.go.kr/kolisnet)에서 이용하실 수 있습니다.(CIP제어번호: CIP2017031077)

*이 책은 2017년 충북문화재단 지원금으로 제작되었습니다.(후원: 한국문화예술위원회, 충청북도, 충북문화재단)

송범의 춤예술, 그 새로운 발견

이찬주 · 황희정

역락

❙헌시❙

낮으나 다시 도도한

임 승 빈(시인·청주대 교수)

잘 계시나요? 거기도 요즘 비가 오나요? 비가 내리면 길 옆 옥수수 밭을 옷으로 입고 내리는 빗속을 사운대나요? 날이 좋으면 은사시나무 잎을 옷으로 입고 햇빛 속을 반짝이며 물결치나요? 가슴 붉은 딱새를 옷으로 입고 호랑버들 가지 끝에 앉아 이리저리 고개 까딱이며 흐르는 물소리 듣고 있나요? 그렇게 다시 가슴 붉은 딱새의 날갯짓으로 하늘 속을 가뭇없이 사라지나요?

요즘도 당신 그렇게 붉은 맨발인가요? 맨발로 생각하고 맨발로 딛고, 맨발로 쪼그리고 맨발로 솟구치고, 맨발로 휘도는가요? 맨발의 옥수수 밭으로 빗속을 사운대고, 맨발의 은사시 잎으로 햇빛 속을 물결치고, 호랑버들 가지 끝 맨발의 새가 되어 흐르는 물소리에 젖고 있나요? 총알처럼 날아서 다시 하늘 속을 사라지나요? 그렇게 당신은 무엇이든 맨발로 폭포처럼 쏟아지나요?

알아요, 당신 그 영혼의 몸짓. 몸에서 그림자 떼어낼 수 없듯, 몸에서 몸짓 또한 떼어낼 수 없듯, 당신은 그 절대의 몸을 옷으로 입은 영혼의 몸짓인 것을. 몸으로 울고, 몸으로 웃고, 아니 온몸으로 그리운 영혼인 것을. 또 결국은 맨발의 영혼이고, 그렇게 붉은 맨발의 저 아득한 응시인 것을.

아시잖아요, 당신. 어둠도 닦고 또 닦으면 환한 달이 오르고, 그 어둠 깊고 또 깊으면 결국 한 점 이슬로 맺힌다는 것. 어둠으로 더 깊은 그 달빛과 이슬, 아침 연꽃에 담아 드려요. 당신 그 붉은 맨발 앞에 올려요. 당신으로 세상은 그렇게 새와 나무와 물결의 옷을 입은 영혼의 몸짓이잖아요.

우리 함께 날아올라요. 낮으나 다시 도도한 그 영혼의 몸짓으로.

▎감사의 글▎

우리는 21세기를 문화예술의 시대라고 합니다. 문화예술의 힘이 어느 때보다 강조되고 있는 시기입니다. 문화예술은 이제 단순한 정신문명으로만 치부되지 않습니다. 공연예술은 자원의 소모가 적으면서, 환경의 파괴도 없고, 과학기술과 융합이 빼어나며, 타 분야와의 시너지 효과도 큽니다. 그렇기 때문에 세계는 지금 문화예술의 전쟁이라 일컬을 만큼 문화예술의 육성과 개발에 온 힘을 쏟고 있습니다.

'하늘아래 새로운 것은 없다'라는 말이 있습니다. 문화예술의 적충성을 설명하는 옛말이라고 생각합니다. 전통 문화예술의 보존과 계승 그리고 새로운 시대, 새로운 변화에 부합하는 문화예술의 창조는 바로 우리시대의 가장 중요한 화두 일 것입니다.

송범(1926~2007)선생은 이 시대의 화두를 50년 전부터 생각하고 계셨나 봅니다. 올해로 선생의 서거 10주년이 되었습니다. 청주시가 2011년부터 시행하는 '작고예술인 기념사업'은 문화예술의 시대에 문화예술인이 증가하고 문화예술 수요자가 급증하고 있는 현실에서 자기 분야에서 업적을 남긴 지역의 인물을 통해 지역의 정체성을 정립하고, 지역의 예술혼을 선양하여 지역민에게 자긍심을 부여하며, 문화자원으로 활용한다는 취지일 것 입니다.

춤이 시공간의 예술로서 기록의 부재성을 안고 가야 하는 춤예술의 한계를 학술연구로 극복하고 기여하신 이찬주 선생님, 황희정 선생님, 윤보경 연구원의 노고에 감사드립니다. 그리고 청주시의 작고예술인 사업과 충청북도의 선양사업, 충북문화재단과 부족함이 많은 가운데도 칭찬을 아끼지 않으신 충북무용협회고문, 송범춤사업회 회원님, 퍼스트 경영 정명수님께 고맙습니다. 늘 곁에서 힘들고 외로울 때 함께 손잡고 동행해준 (전)이동규 충북무용협회장님, 열악한 가운데 살림을 맡아 왔던 박수정 이사님, 이 책에 많은 자료를 제공해주신 범무회 선생님들께 감사의 말씀을 올립니다. 또한 2011년 송범춤사업회 학술세미나의 이전 기록과 사진자료를 실을 수 있도록 허락해 주신 김태원 춤비평가님께 감사드립니다.

『송범의 춤예술, 그 새로운 발견』의 책 제목이 나오는 순간 눈물이 주르륵 흘렀습니다. 선생의 고향인 충북 청주에서 새롭게 재탄생되어지다니 결코 우연이 아닌 예견되었던 필연으로 느껴지며 온몸에 감동의 전율이 흐르고 지난 시간이 주마등처럼 지나갔습니다.

이처럼 소중한 기록을 만들기까지 여러모로 도움을 주신 분들께 다시 한 번 이 지면을 빌려 깊은 감사를 드립니다.

'송범춤사업회'가 미래의 우리지역 무용계의 학문적 기반을 마련하는 데 밑거름이 되리라 믿으며 지역문화예술의 정체성을 확립하는 계기가 되기를 바랍니다.

2017년 12월 4일

송범춤사업회 고문 (秀耕)류 명 옥

▌머리말▌

충북 청주에서 태어난 송범(宋范, 1926~2007)은 우리나라 근·현대 한국 춤사에 한 획을 그었던 대한민국 춤계의 거장이다. 그는 1962년 국립무용단 창단에 큰 역할을 하였고 초대 단장을 역임하면서 그가 보여준 작품 성향은 한국춤에 새로운 형식의 기틀을 만드는 데 일조하였다. 그리고 창작 무용극 형식의 실험을 통해 국립무용단에서 기틀을 다졌다. 말하자면 그는 한국춤에 새로운 창조적 양식을 이루어낸 인물로 평가 받고 있다.

우리나라 춤계 역사에서 볼 때 그의 영향력은 그의 제자들을 비롯해 다수 무용인들에 의해 현재까지 이어져 오고 있으며 그 파급 효과는 지대하다고 할 수 있다. 그는 서양식 프로시니엄 무대를 한국 공연에 토착화하는 데 지대한 영향을 미쳤으며, 다양한 춤세계를 섭렵한 그는 자신이 배운 춤을 자양분 삼아 한국의 독자적인 민족의 특이성을 심어 한국 창작춤의 한 방향을 제시하였다고 말할 수 있다.

송범이 타계한 지도 어언 10년이 지났다. 그동안 그의 생애와 춤의 자취, 그리고 안무 세계에 대한 연구는 지금까지 많은 사람들에 의해 이루어졌다. 특히 송범의 자필 자료와 구술채록이 존재하며 현존하는 그의 수많은 제자들의 증언에서 연구자들이 많은 성과를 내고 있어 그의 업적을 평가하는 데 무리가 없다고 본다.

그러나 문제는 기존 자료의 오류나 오기(誤記)가 아무런 검증 없이 후속 자료에 인용됨으로써 반복 재생산되고 있다. 송범의 연구가 많아짐에 따라 그러한 사례는 증가하고 있다. 예를 들어 한 공연의 제목이나 연도가 다른 경우가 종종 발견된다. 이는 후속 연구에 혼란을 초래하고 소모적인 사실 확인 작업에 시간을 쏟게 한다. 확실한 기록 근거와 함께 오류를 바로 잡아 이러한 자료가 더욱 확대되지 않아야 할 필요가 있다.

뿐만 아니라 작품의 실체적 동작을 숙고(熟考)한 깊이 있는 연구가 부족한 실정이다. 춤동작 자체에 기반한 송범 창작춤의 고유한 특성 연구를 통해 그의 작품 세계를 들여다보고 한국 창작춤 역사에 용해되어 있는 그의 공헌을 파악해야 한다. 그렇게 함으로써 그의 작품 연구는 내적으로 또 외적으로 중요한 구성요소를 면밀히 짚어낼 수 있고, 작품의 의도와 의미를 명확히 드러낼 수 있을 것이다.

송범 작품의 동작 연구가 처음으로 시각 자료와 함께 구체적으로 기록되는 것이니만큼 그 의미가 크다고 할 수 있다. 이로서 그의 삶과 예술세계를 체계적으로 분석하고 아울러 그의 예술혼과 정신을 되살려 맥(脈)을 이어가고자 한다. 이는 그의 작품 세계와 무용사적 가치가 제대로 전달될 수 있게 하는 원동력이 될 것이다.

끝으로 이러한 발견들이 송범 춤예술의 전형(典型)을 확립하고 그의 예술적 가치가 보존되는 데 조금이라도 도움이 되기를 바란다.

2017년 11월 늦은 가을

이찬주 · 황희정

목차

송범의 춤예술,
그 새로운 발견

제1장

근대의 지평선

한국에서 근대의 출발은 서양에 팽배해 있던 자본주의와 시민사회가 일본 및 러시아 등 열강들의 한국 진출로 인해 전파되는 19세기 말 경부터로 보는 것이 지배적인 의견이다. 춤 분야도 순차적으로 그러한 흐름을 따르게 되는데 일제 강점기 당시 기생조합의 활동에서부터 그 연원을 찾을 수 있다. 하지만 이는 강제적인 근대화에 내몰린 결과라 할 수 있고, 춤에서 자발적이고 자율적인 근대화는 근대 춤의 1세대라고 할 수 있는 최승희, 조택원 등을 시작으로 볼 수 있다. 이들은 모두 일본의 이시이 바쿠(石井漠, 1887~1962) 로부터 서양의 춤을 배웠다.

송범(宋范, 1926~2007)은 이들을 잇는 제2세대 한국무용가로서 한국무용가로서 선두에 섰던 인물 중 하나이다. 그는 1947년 정식으로 데뷔한 뒤 끊임없이 무대에 작품을 올리는 데 노력하였고, 1962년 국립무용단 창단 당시 부단장으로서 큰 역할을 담당하였다. 이후 국립무용단 단장을 역임하면서 그가 실행에 옮긴 창작 무용극 형식은 한국춤에 새로운 형식의 기틀을 만드는 데 일조하였다.

송범의 예술 활동에 대한 연구는 그동안 많이 이루어져 왔고 송범의 자필 자료와 구술채록이 존재하며 현존하는 그의 수많은 제자들의 증언에서 연구자들이 많은 성과를 내고 있다. 그에 대한 단행본으로는 신주희 편저 『송범, 그 인생과 예술』(1992), 김태원 편저 『나의 춤, 나의 길』(2002), 그리고 최근에 출간된 서연호의 『송범: 한국 무대무용의 선구자』(2014) 등이 있다. 선행 논문으로는 이수경의 「송범 무용극에 내재된 한국전통무용의 창조적 수용에 관한 연구」(숙명여자대학교 석사학위논문, 2012), 장동환의 「송범 신무용의 시대적 특성 연구」(중앙대학교 석사학위논문, 2003), 김효은의 「농악무에 관한 연구: 무용극 도미부인에 나타난 송범 농악무를 중심으로」(숙명여자대학교 석사학위논문, 1999), 김현숙의 「신무용가 조택원」, 「송범의 예술적 경향인식과 영향에 관한 연구」(세종대학교 대학원 석사논문, 1996), 박선욱의 「한국근대춤사에 있어서 송범의 예술사적 업적: 구술채록을 중심으로」(한국무용연구, 2009), 이송의 「송범의 예술세계와 무용사적 의의」(송범추모사업회, 2012), 이병옥의 「송범 춤 여정에 나타난 예술적 성향과 무용사적 의의」(송범춤사업회, 2014) 등 많다.

송범의 연구는 작품 연도에서 연구자들의 오류를 발견하게 되는데 그것은 잘못된 기록을 반복해서 인용함으로써 그에 대한 많은 연구만큼 잘못된 기록이 확산되었음을 확인하게 된다. 또한 송범이 활동한 시기에는 현재와 달리 춤 잡지들이 다양하지 않았던 시기로서 관객과의 교류는 신문이 가장 접근하기 쉬운 매체였다. 그러므로 어느 지면보다 신문이 춤공연 소식과 공연평 등 방대한 기록을 제공했다.

송범의 작업은 시대적 문화 현상을 담아냈다고 할 수 있다. 국가의 독립 그리고 6·25 전쟁 등 많은 환란을 겪으면서도 그의 열정과 창작에 대한 혼신의 노력이 작품 속에 배어 있음을 느낄 수 있다. 송범의 춤예술, 그 새로운 발견을 통해 근대의 지평선에서 그의 감정적 특성이 우리 시대의 그것과 공명(共鳴)함을 인지하고 그의 기록과 작품을 통해 송범의 가치를 다시 한 번 되짚어 보고자 한다.

제2장

근대의 시작, 신무용

근대화 초기인 1900년대 초, 모든 방면에서 외래문화가 서서히 도입되기 시작했다. 전통적인 것에 대해 새롭게 들어온 문화는 곳곳에서 두각을 나타내었다.

| 한성준

1930년대 후반, 전국 방방곡곡을 뒤져가며 우리 전통춤을 집대성한 사람이 있었다. 그는 무용가 한성준(1874~1941)이다. 왕십리 당굿을 바탕으로 태평무를 만들었고, 학춤을 완성하기 위해 수없이 창경궁(당시 창경원)을 드나들었다. 승무·살풀이춤·한량무·훈령무 등이 그의 손에서 제대로 모습을 갖추게 됐고, 근대식 무대에 올릴 수 있도록 양식화됐다.

그는 또한 조선음악무용연구소

| 한영숙

| 최승희

| 조택원

를 설립해 후진을 양성했다. 손녀 한영숙을 비롯해 강선영·김천흥·이동안·장홍심 같은 전통 춤꾼을 길러 냈고, 신무용가 최승희·조택원에게도 영향을 미쳤다. 신무용은 전통춤에서 소재를 얻어 새로운 신체표현방식과 무대운영방식으로 화려한 스타들을 만들어 냈다.[01]

신무용은 1921년 4월 해삼위(연해주·海參威)학생음악단이 한국을 방문한 해에 첫선을 보였다고 할 수 있다. 해삼위학생음악단은 단장 이강(李剛)을 포함하여 남자 일곱 명, 여자 네 명으로 구성되었다. 4월 24일 원산에 도착하여 해삼위학생음악단의 일행과 경성, 평양, 황주, 개성, 인천, 대구, 부산, 마산, 경주, 전주, 광주, 목포 등 16개 지역을 순회하며 공연하였고 6월 8일 다시 원산에서 해삼위로 돌아갔다. 이들 중 박시몬의 코사크춤(Cossack Dance)[02]은 매 공연마다 마지막을 장식한 춤으로 관객들에게 사랑을 한 몸에 받으며 한동안 지속적으로 추어졌다.

01 이찬주(2012), 『춤교육과 포스트모더니즘』, 191쪽.

02 조택원은 박시몬으로부터 코사크춤(코팍춤)을 배움.

| 해삼위 동포연예단 《동아일보》, 1922. 4. 23.

이듬해인 1922년 해삼위동포연예단[03]은 김동한을 주축으로 방문해 음악, 연극, 그리고 서양 춤을 선보이며 인기를 끌었다. 김동한은 연해주정부 현악대 감독이었으며 해삼위 동포 연예단은 1925년까지 40회 이상 서양 춤과 러시아 민속춤을 소개했다.

이들 중 박시몬은 해삼위학생음악단의 이병삼, 해삼위동포연예단의 김동한과 더불어 해삼위에서 온 무도3인방이다. 무도(舞蹈)는 서양의 사교춤을 일컫는 말로 이들 무도3인방은 1920년대 모두 무도학원을 열었다.[04]

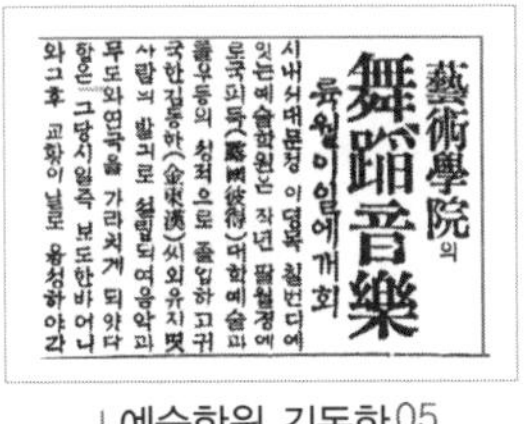
藝術學院의 舞蹈音樂
육월이일에 개회
시내서대문뎡 이뎡목 칠번디에
잇는예술학원은 작년 팔월경에
로국피득(彼得)[illegible]대학예술과
를[illegible]우등의 성적으로 졸업하고귀
국한김동한(金東漢)씨외유지몃
사람의 발긔로 설립되여음악과
무도와연극을 가라치게 되얏다
함은 그당시일즉 보도한바어니
와그후 교황이날로 융성하야각

| 예술학원 김동한[05]

김동한은 1923년 조선예술학원이라는 최초의 예술교육기관의 문을 연 인물이다. 이병삼은 1924년 평양에서 평안도의 인가를 받아 〈구미무도학관(歐美舞蹈學館)〉[06]의 사립무용교육기관을 열었고 무도만으로는 초유의 정식

---

03 《동아일보》, 1922. 4. 23.

04 이찬주(2016 · 개정판) 『한국민족문화대백과』 「무용사전」 이병삼(李丙三)편.

05 《동아일보》, 1923. 6. 1., 3쪽.(조선예술학원 1923년 개관, 1922년 오류)

06 당시의 춤의 개념에서 무도(舞蹈)는 1922년 「개벽」 6월호에 발표한 김동환의 글 무도란 여하(如何)한것인가 등을 살펴볼 때 시대상황에서 폭넓게 춤과 동일개념이다. 무도는 지금의 댄스스포츠의 종목에서 본다면 스칸디나비아나 코사크(코팍)춤은 제외된 사교춤으로 댄스스포츠에 일부 해당된다.—옮긴이 주

강습소였다. 그는 서울의 낙원동에서도 〈구미무도학관〉(1925)을 열었으며, 이들은 고국에서 이른바 민속춤, 사교춤 등을 가르치는 해외파로 선전했다.

| 박금슬

또 다른 신무용의 중요한 기점은 1926년 이시이 바쿠(石井漠)의 경성공회당 공연이다. 그로부터 현대무용을 익힌 최승희(1911~1969)와 조택원(1907~1976)은 한국 신무용의 기초를 세우는 데 기여했다. 박금슬(1922~1983) 역시 1939년~43년 사이에 이시이 바쿠 무용연구소에서 현대무용을 배웠으며 한국무용의 체계화를 이루며 한국무용의 교과서로 불리는 이른바 '박금슬 기본'을 정립했다.

신무용(新舞踊)은 서구 근대에 출현한 모던댄스가 일본, 유럽, 러시아 등을 거쳐 한국에 유입되면서 만들어진 하나의 춤 장르이다. 이는 당시 조선에서 사용되기 시작한 신(新)문학, 신(新)극처럼 이른바 전통적인 것에 새롭게 들어온 춤의 개념을 의미한다.[07]

근대 초기 신무용은 발레나 모던댄스, 러시아의 코사크 춤, 인도의 샤바 춤 등 각국의 민속무용까지도 포함하며 서양의 무용이면 모두 다 신(新)무용에 포함되었다. 이와 동시에 재래해 있는 한국무용을 서구식 무대에 창작화한 것[08]도 신무용에 해당하게 되었다.

1945년 해방 이전에는 예술무용으로서의 신식 춤 전체를 지칭하는

07 이찬주(2007) 『춤예술과 미학』 금광출판 20쪽.

08 김천흥(1979), 『무용, 서울 육백년사』 제3집, 서울특별시, 751쪽.

뜻으로 통용되어 바로 1900년대 이후부터 해방 이전까지의 일반적인 극장춤을 가르쳤으므로 그 시대의 예술무용 전체를 위한 개념으로 무리 없이 쓰일 수 있다.[09]

신무용은 새로운 시대에 어울리는 새로운 한국무용의 장르이며, 새로운 한국무용의 실체이자 활동이고, 형식이자 체계이다.[10] 시대에 맞는 창조와 표제가 있으며 무대를 의식하고 만든 무대 시설에 관심을 갖고 만든 춤이라 할 수 있다.[11] 신무용은 전통적 한국무용에 새로운 생명을 주어 그것을 시대에 적응하게끔 창의적으로 만든 무용이며, 한국무용의 전통적 기법을 바탕으로 하며 동시에 전통만을 고수하지 않는 창조적인 한국 무용이다.[12]

이러한 서양 양식에 유입으로 밑바탕이 된 신무용의 개념은 해방 이후로는 한국춤의 한 장르 개념으로 자리 잡게 된다. 이로써 그 당시 춤계에서 두각을 보인 임성남은 발레라는 장르로 이어갔고 한국춤의 송범과 김백봉, 최현, 김진걸, 배명균 등은 신무용의 장르로서 1970년대 초까지 그 흐름을 이어 갔다.

| 유학자

09 김채현(1993), 「근대 한국춤의 역사적 성격 연구 2」, 『한국미래춤학회연구논문집』 제2권.

10 안제승(1980), 「신무용사 국립극장 30년」, 국립극장. 369쪽.

11 조동화(1975), 『한국현대문화사 대계』, 고려대학교민족문화연구소, 600쪽.

12 강이문(1976), 「한국신무용고」, 『무용』 제3집, 한국문화예술진흥원, 128-129쪽.

| 최현

| 김백봉

김진걸 |

| 한상근(사진 김종석)

| 김매자(청주시립무용단제공, 사진 이도희)

신무용은 주로 낭만적인 정서, 남녀 간의 애정, 풍속에 대한 미화에서 소재를 찾았고 3~5분 정도의 짧거나 낭만적인 무용극의 형식을 띠었다. 신무용의 움직임의 특질은 완만한 곡선미와 개인의 기교를 강조한 것이다. 1970년대 중반 등장한 한국창작춤을 비교하면 현대문명과의 갈등, 심적 고통, 개인만이 아니라 집단적 움직임의 형식의 확장, 거친 표현을 지녔다.[13] 1976년 한국창작춤은 김매자를 주축으로 배정혜, 문일지, 한상근 등이 선보였고 한국 창작춤은 '전통춤의 현대화'를 지향하며 신무용과 대별되는 특징을 지닌다고 볼 수 있다.

다시 말해 신무용은 근대성으로 개인의 자율성의 의미를 담은 서구의

13 김태원(2002). 『나의 춤, 나의 길』, 현대미학사, 14쪽.

표현 방식으로 1930년대~70년대 초까지 나타났으며 우리 정서에 맞는 표출의 움직임으로써 한국춤의 장르로서 남게 되었다.

근대에 한국 신무용의 활발한 작업으로 인하여 지금 현재에 이르기까지 보다 적극적이고 다양한 작품과 공연이 한국 춤계에서 성립되었다. 이러한 신무용에서 무용극의 중심에 선 이가 바로 송범이다.

| 김진걸 · 차범석 · 송범 · 임성남 · 이해랑 · 조택원 · 최현

제3장

송범, 신무용의 중심으로

송범은 1926년 1월 30일[01] 충북 청주시 영운동에서 아버지 송내현과 어머니 윤복의 2남 3녀 중 막내아들로 태어났다. 본명은 철교(喆教)다. 예명인 범은 형 정훈(본명 철면)이 그가 춤으로 진로를 결정한 후

| 송범의 탄생지(류명옥·이송·김문숙·최청자·국수호·손병우)

01 송범, 『제1차 구술채록문』(공연예술디지털아카이브, 2004), 2쪽. 음력 1925년 12월 17일생, 양력 1926년 1월 30일생 호적에는 1926년 3월 25일로 기재되어 있음. 국립예술자료원-한국예술디지털아카이브에는 호적 생일만 기재되어 있어 정확한 송범의 생일이 제대로 전해지지 않고 있다.

어딘가에 의뢰하여 지어준 이름이다. 송범은 태어난 지 석 달 만에 아버지를 여의고 열 살 위인 형 송정훈이 가장 역할을 하는 그늘 아래서 자랐다. 재동보통학교와 양정중학에 입학하여 공부를 잘하던 그에 대한 집안의 기대는 남달랐다고 한다. 그는 경성의학전문학교에 입학하여 의사가 되어 성공하리라는 기대를 받았다. 그러나 이미 송범은 어린 시절부터 종로구 원서동에서부터 서대문 동양극장까지 먼 길을 걸어 다니며 그 당시의 신파극 〈사랑에 속고 돈에 울고〉, 〈거리의 목가〉 등 많은 작품을 관람할 만큼 극예술 세계에 심취했었다고 했다.

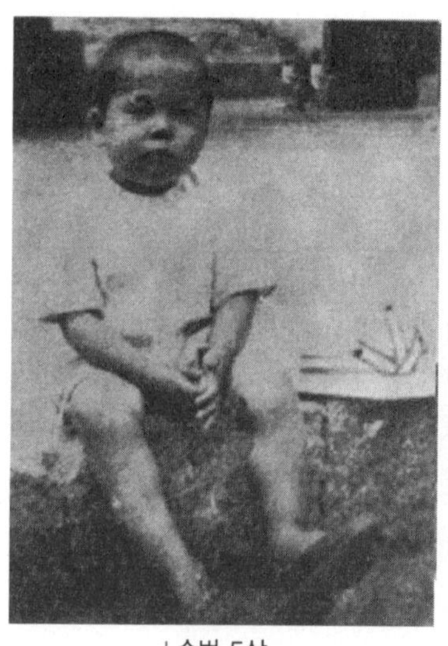

| 송범 5살

| 양정중 5년 송범

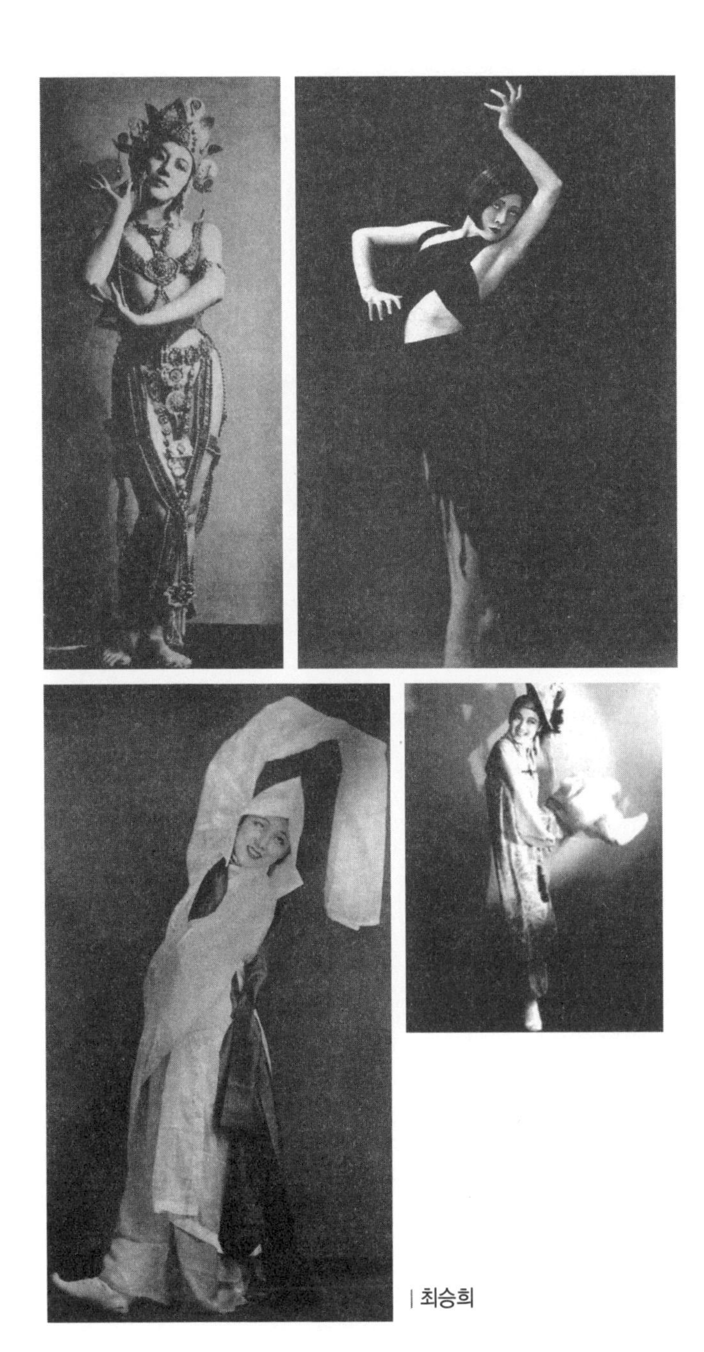

| 최승희

특히 송범이 중학 3학년[02] 되던 해 누나의 손에 이끌려 가서 본 최승희의 공연은 그가 춤의 세계로 가는 결정적인 계기가 되었다고 한다. 양정중학 5학년[03] 졸업 무렵, 그는 경성의학전문학교(현 서울대학교 의과대학)에 입학원서를 내고 시험장으로 간 게 아니라 발길을 돌려 음악감상실 '베토벤'에서 〈운명〉을 들었다고 한다.

| 송범 젊은 시절

1) 송범 예술의 태동기

이렇게 해서 송범은 춤의 길로 들어서기로 결심한 후 당시 미술계를 비롯해 『국제보도』라는 월간지를 발간하며 다방면에서 예술계와 맞닿았던 형의 주선으로 1946년 조택원 연구소에 입문하였다. 송범은 그의 제자로서 이시이 바쿠의 메소드가 내재된 워킹발레와 조택원류의 한국

---

02 《동아일보》 1962. 9. 20.(3학년으로 바로잡음. 2학년은 오류)

03 당시 중학교는 일제강점기 교육령에 따라 5년제였다. 중학교는 일본인이 재학했으며 5년제였고, 조선인이 다녔던 고등보통학교는 4년제에서 1922년 교육령 개정으로 5년제가 되었다. '양정중학교'라는 교명은 1938년 교육령 개정으로 개칭된 것이다. 김윤현, 『주간한국』, 2005/05/19 http://weekly.hankooki.com/lpage/nation/200505/wk2005051914121837070.htm [검색일 2015. 10. 20.]

무용을 배우게 되었다. 조택원류의 한국무용은 이시이 바쿠의 같은 제자 최승희와 스타일면에서 차이를 보이는데 최승희가 한국 전통무용을 활용하여 국악 반주의 한국 창작춤을 무대에 올렸다면, 조택원은 양악에 한국무용 어법을 개발한 춤이다.

| 조택원

1945년 8월은 전 국민이 원하던 해방이 되었지만 남북으로 갈라져 있던 대한민국은 1950년 6월 25일 한국전쟁이 발발하기 전까지 매우 어수선한 시국 아래 있었다. 그러나 송범은 오로지 춤의 기초를 게을리 하지 않고 누구보다 열심히 갈고 닦았다. 그 당시 스승이었던 조택원은 친일파로 몰려 아무 일도 할 수 없었고 생계를 위해 무용연구소마저 팔아야 했다.

絢爛할 律動의 技巧와 美

本社主催 卄六、七兩日國際劇場서

趙澤元渡美告別舞踊公演

| 조택원 도미(渡美) 고별공연(1947)

결국 그는 1947년 도미(渡美) 고별공연을 마치고 고국을 떠났다.[04] 그즈음 송범은 1946년 8월 조선무용예술협회 창립 기념공연이 열린 국도극장에서 박용호의 〈해방〉을 보고 감동을 받아 그의 문하생이 되었다.

---

04 《경향신문》 1947년 6월 21일, "조택원도미고별무용공연"; 《조선일보》 1947년 10월 18일 "조택원도미"; 《동아일보》 1947년 6월 19일,(광고); 《동아일보》 1947년 6월 26일, 27일 국제극장 도미공연소식전함-신문의 기록은 보도 형식으로 이후 기록에서 공연되는 날짜가 바뀔 수도 있다.

그러나 예술이 아닌 정치적 색채를 띠는 그에게 실망하여 장추화무용연구소로 옮겼다. 그곳에서 최승희가 장추화에게 건네준 마리 뷔그만의 현대무용 기록 노트대로 익히게 되며, 유학파 한동인, 정지수에게서 전통 발레를, 장추화(본명 장선애1918~?)와 진수방(1921~1995)을 통해 인도춤(남방춤)과 스페인춤을, 그리고 한영숙에게서 전통춤을 배웠다.

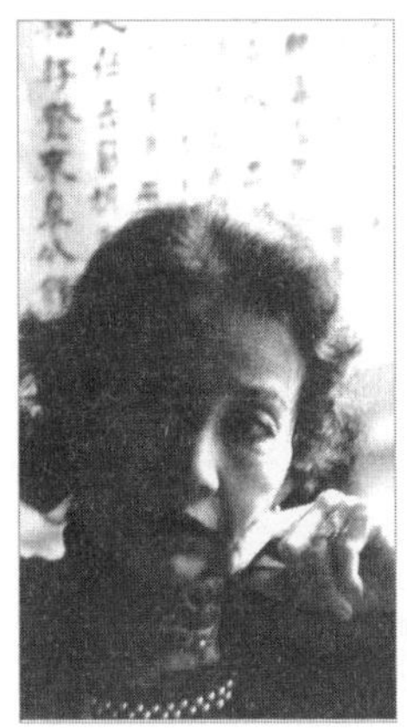

| 진수방

| 한영숙·김민자·진수방

| 이석예·장추화·하리타 요코

公演을 보고

| 장추화의 공연을 보고(1946)

「習作」의 意味

文 哲 民

| 습작의 의미

송범의 정식 무대 데뷔는 1947년 11월 장추화 제1회 발표회에서였다. 그가 만든 첫 작품 〈습작〉[05]은 제1부 〈조국〉, 제2부 〈희생〉, 제3부 〈주검〉으로 솔로[06]로 구성된 3부작이다. 평론가 문철민은 〈습작〉에 대해 송범이 "테크닉 시스템을 보여준 태도는 그윽이 호감을 가질만 하였다. 그의 균형있는 육체와 아크로바틱한 움직임의 기교는 가히 전도를 촉망케 한다."[07]는 그에 대한 호의적인 평가와 기대감을 나타냈다. 1948년 송범은 장추화연구소 무용 연구자 전원과 함께 〈새벽〉에 군무로 출연했고, 최승희의 〈천하대장군〉을 장추화 선생이 재안무한 작품에서 솔로를 추었다.

| 출진

송범은 장추화 제1, 2회 발표회를 통해 두각을 나타냈으며 이인범, 김진걸, 주리 등 많은 예술적 동지들과 교류했다. 1949년 송범이 발표한 〈출진〉은 원시인들이 용맹스럽게 사냥이나 전쟁터로 나가는 모습에 국민들이 사기를 북돋아주려고 북소리에 맞추어 추는

05 송범의 첫 안무작, 〈습작〉(1947). 《경향신문》, 1947. 11. 23.(1948년은 오류)

06 송범(2004), 『제2차 구술채록문』, 공연예술디지털아카이브, 4쪽.

07 《경향신문》, 1947. 11. 23.

| 참회(1950)

힘찬 춤으로 이월영(李月影)의 북반주만으로 추어진 춤이다.[08] 〈출진〉은 워낙 유명해서 천 번 이상 춘 춤이라고 송범은 회고했다.[09]

1950년 6·25전쟁이 발발하자 형 송정훈은 자유주의 신념이 강한 인물로서 공산주의자들의 블랙리스트에 올랐고 송범은 형 때문에 연행되었다가 풀려나기도 했다. 서울을 점령한 공산주의자들은 예술가들을 전쟁에 이용하기 위해 소집했고 후퇴하게 되자, 예술가들을 소집해 북으로 데려갔다. 한동인, 장추화, 문철민, 박용호 등이 납북되었고, 송범은 누이 집에 숨어 지내며 강제납북을 가까스로 면했다. 이러한 상황 속에

08 정병호(1990), 「송범의 춤세계와 그무용사적 비중」, 『춤』.

09 송범(2004), 『제2차 구술채록문』, 공연예술디지털아카이브, 13쪽.

서도 춤을 추고 싶었던 송범은 틈만 나면 옥상이나 지하실에서 춤을 연습할 정도로 춤에 대한 열정으로 가득했다.

1950년 9월 서울이 수복되었지만 많은 춤예술가들이 납북되거나 살해되거나 행방불명되는 바람에 송범은 그 자리를 메우며 춤계를 이끄는 젊은 선도자 위치에 서게 되었다.

1951년 1·4 후퇴 때 피난지인 대구에서도 육군 정훈국 소속의 문화공작대로 문화극장에서 활발하게 활동하였다. 1951년 10월 공군과 해군의 지원으로 〈불의 희생〉을 부산극장에 올렸다. 인도의 신화로 만든 작품으로 음악은 젊은 작곡가이며 송범의 양정중학 후배인 성두영[10]이 맡았다.

〈불의 희생〉은 두 연인을 질투한 왕이 시타를 빼앗기 위해 시무키를

| 송범·김문숙

10 성두영(1929-2015). 1966년 파리사범음악원 졸업 후 귀국하여 1976-1993년 이화여대 작곡과 교수로 재직했다.

| 송범 결혼식

죽이는 내용으로 순수한 사랑과 서사 구조로 많은 관객들에게 위안을 주었다.[11] 송범의 첫 번째 대작이며 무용극 형식이었던 이 작품은 크게 성공을 이루어 마산과 진주를 거쳐 다시 대구에서도 〈불의 희생〉을 무대에 올렸다. 대구에서는 박지홍(朴知弘) 할아버지에게서 6개월간 승무를 배우기도 했고 김문숙과 함께 전라도에서 농악을 잘 한다는 노인을 모셔다 농악을 배우기도 했다.

1952년 5월 문화극장에서 개최된 '송범 무용 10주년 발표회'에서는 〈뱀의 생리학〉, 〈인도적인 5월〉, 〈아리랑 환상곡〉을 올렸다. 전쟁이 끝난 후 서울에 돌아온 송범은 제1회 신작무용발표회를 가졌고 이후 정기

---

11 서연호(2014), 『송범』, 월인, 62쪽.

적으로 1년에 두 번씩 발표회를 열었다. 1955년 9월 17일과 18일 올린 송범의 신작 〈생존경쟁〉, 〈공장지대〉 등은 조동화 평론가로부터 "새로운 변형 대열"이라는 호평을 받았다.[12]

이러한 활동 중에 '한국무용가협회'를 결성하고 1956년 11월 안제승 연출, 송범·임성남·김백봉 공동안무로 〈비련〉을 시공관 무대에 올렸다. 이후 1956년 〈패배자〉[13], 〈항거〉, 〈생령의 신음〉, 1957년 〈유쾌한 휴일〉, 〈안단테 칸타빌레-한여름 밤의 꿈〉[14], 1958년 〈열풍지대〉[15], 1959년 〈현대인〉, 1960년 〈백야〉, 1961년 〈기항지〉, 〈혁명전야〉, 〈농악〉, 〈죄와 벌〉 등[16] 이 시기 동안 많은 소품들을 발표했는데 그의 끊임없는 배움과 창작의 열기가 그대로 드러나 있다.

---

12 《조선일보》, 1955. 9. 21.

13 《조선일보》, 1956. 4. 28.

14 〈안단테 칸타빌레-한여름 밤의 꿈〉. (그림 5 참조-신문 보도기사와 공연평 김경옥에 따라 한 작품 제목이 두 작품으로 나누어지기도 함)

15 《연합신문》, 1958. 10. 20. 「열풍지대」 (1959년 발표는 오류)

16 《경향신문》, 1958. 12. 28.

| 송범 활동

이러한 송범의 열정적인 활동은 신무용 1세대의 빈자리를 채워 나가며 점차 신무용의 중심에 서게 된다. 그리고 1962년 2월 국립극장 산하 단체로 국립무용단이 창단되고(단장 임성남) 부단장에 취임하면서 송범은 신무용에서의 위상을 인정받게 되고 한국무용의 선두주자로서 자리를 확고히 다지는 계기를 마련했다.

新人合同舞踊大公演 (1964.9.4－9.6)
主催：東亜日報社. 韓国舞踊協会. 国立劇場.

제4장
국립무용단에서의 활동

국립무용단을 위한 송범의 첫 작품 〈영(靈)은 살아 있다〉(1962)는 고전적 분위기에 남녀의 애정을 듀엣으로 그린 작품이다. 송범이 직접 호동왕자로 출연하여 낙랑공주(권려성)와 2인무를 이루었고 신선(이월영)을 중심으로 목동(김진걸)과 선녀(김문숙)가 등장하였다. 이후 송범은 〈멍든 산화〉(1965), 〈아, 1919〉(1966), 〈심산유곡〉(1966), 〈종송(種誦)〉(1967) 등 무용극 형식을 지속적으로 만들어갔다.

송범의 안무력은 순박한 청춘 남녀의 도시 속 세속적인 사랑에 의한 파멸을 다룬 〈멍든 산하〉, 하늘의 선녀와 지상의 선비의 사랑을 그린 〈심산유곡〉, 그리고 불교를 배경으로 한 사미승의 이야기 〈종송〉으로 우수평가[01]를 받으며 사회적으로 주목을 받았다. 더불어 1968년 멕시코 올림픽의 부대행사인 세계민속예술제에 참가한 송범은 〈화관무〉, 〈사랑가〉, 〈선녀춤〉으로 성공을 거두면서 한국무용의 중요성과 자긍심의 고취를 더욱 느끼게 되었다. 이어진 1972년 뮌헨올림픽 문화축전 공연

01 《경향신문》, 1973. 10. 17.

| 뮌헨올림픽 민속예술단 한영숙·강선영·김문숙 등(1972)

에 파견되어, 유럽 순회공연 중 런던 공연이 《타임즈》, 《가디언》, 《데일리익스프레스》와 파리의 《르 피가로》 등에 대서특필되어 국가적 관심을 받으며 송범은 더욱 발전할 수 있는 계기를 마련하였다.

| 별의 전설(1973)

이어 1973년에 국립무용단이 국립발레단과 국립무용단으로 분리되었다. 국립무용단 단장직을 맡게 된 송범은 견우직녀 설화를 소재로 한 〈별의 전설〉(1973)을 초연하였다. 처음으로 대형 극장에 맞게 실감나는 폭포의 움직임과 깊이로 큰 무대의 분위기를 살렸고 군무진의 지칠 줄 모르는 춤에 대한 정열과 신인 견우 역의 정재만과 직녀 역의 최혜숙, 박순자의 다듬어진 기교로 호평[02]을 받으며 국립무용단의 순항을 알렸다.

02 《중앙일보》, 1973. 11. 29.

| 정재만·국수호

〈왕자 호동〉(1974)는 안무와 연출, 그리고 음악이 하모니를 이루는 발레처럼 그 규모나 외형적인 구성에 있어 그랜드 발레의 조건을 갖추었다는 평가를 받았다. 왕자 호동의 국수호와 정재만은 신인에게서 느낄 수 있는 발랄함과 배역의 충실로서 그 순수성이 칭찬을 받았다. 세계 수준급인 국립극장 무대에 어울리는 춤꾼들에 대한 개성을 살리는 데 성공했다.[03]

〈마음속에 이는 바람〉(1978)은 고전에서 따온 것이 아닌 순수 창작 대본이다. 극본의 빈약함이 제시됐으나 홍금산의 깔끔함이 청초하고 순박한 시골 처녀 역을 완벽하게 소화해냄으로써 국립무용단의 기량을 인정받았다. 더불어 빈약한 극본, 안일한 음악, 그 위에서의 송범의 안무 솜씨는 뛰어난 것이라고 평하며 그의 전통의 현대화 작업을 높게 평가했다.[04]

그 외 〈꿈, 꿈, 꿈〉(1979)은 신라시대의 중 조신대사의 득도 일화를 그린 춘원 이광수의 소설 「꿈」을 무용극화하였다. 〈푸른 천지(일명 허생전)〉(1980)는 우리들에게 이미 친숙감을 주는 내용에 춤으로 환상적 효과를 살려 국내에서 처음으로 무용극화[05]하였고 탈춤 춤사위에서 많은 움직임을 끌어 모아 군무를 선보였다.[06]

---

03 《일간스포츠》, 1974. 12. 6.

04 《경향신문》, 1978. 3. 17.

05 《한국일보》, 1979. 5. 23.

06 구자운(1980), 『무용한국』. 추동호.

| 꿈, 꿈, 꿈(1979)

| 푸른 천지(1980)

〈도미부인〉(1984)은 『삼국사기』의 도미부부 설화(都彌夫婦說話)를 소재로 했고, 〈썰물〉(1982)은 〈진도 씻김굿〉에서 소재를 따온, 평범한 어부의 생활을 그린 무용극이었다. 〈은하수〉(1986)는 〈별의 전설〉을 새로이 안무한 것으로 천상과 지상의 이뤄질 수 없는 사랑을 소녀의 소박한 꿈을 지닌 선녀와 충복한 농군과의 화합과 이별이라는 숙명을 직녀에게 초점을 두어, 현실적인 감각으로 인간의 희로애락을 우리의 춤으로 표현하였다.

마지막으로, 국립무용단에서 만든 작품 중 외국공연에서는 〈도미부인〉(1984)과 한국공연으로는 〈그 하늘 그 북소리〉(1990)가 가장 많이 무대에 올랐다. 〈그 하늘 그 북소리〉는 호동왕자와 낙랑공주의 사랑에 얽힌 야사를 바탕으로 '가화'라는 제3의 인물을 부각시켜 자명고를 놓고 두 사람의 사랑과 의무와 갈등을 그렸다. 송범은〈별의 전설〉(1973)부터 〈그 하늘 그 북소리〉(1990)까지 대형 무용극을 지속적으로 발표하면서 자신의 춤예술 세계의 정립을 확고히 하였다.

| 한순옥

제5장
송범의 활동 기록

1. 춤기록 매체로서의 신문

사람들은 언론을 통해 춤예술가들의 공연에 대한 활동을 이해하고 있다. 다시 말해서 방송 뉴스와 신문 등은 매일 취재를 거쳐 사실을 보도하고 있고 사람들은 이를 통해 춤예술가들의 활동이나 능력을 나름대로 인식하면서 평가하고 있다. 언론사 연구에는 일반 단행본, 잡지, 신문, 자료 등이 모두 포함된다. 이중에서 시대적으로 근대는 매체가 발달하지 않은 특성상 신문이 사람들이 가장 접하기 쉬운 매체였다고 할 수 있다.

춤기록 매체로서 1940년대의 신문을 살펴보면 춤예술가들을 소개하는 경우에 틀이 정형화되지 않았고 공연에 관한 리뷰보다는 정보 전달이나 광고로서의 성격이 강하게 나타났다. 이러한 경향은 형식 면에서 상당 부분 개화기 기사 형식으로 남아 있다. 개화기 형식은 근대에서 현대로 넘어가는 과도기 시기인 만큼 문체가 단일화 작업의 마무리단계로 혼란스러움을 보이는 것이다. 대화와 묘사가 전대의 말투를 벗어나지

못한 기사형식이 표기법이나 문장에 있어서도 다양한 편차를 보인다.[01]

1950년대에는 글의 종결어미가 그 유형과 특징을 동일하게 공유하였고 이 시기에는 일부 기사에서 리뷰의 흔적도 보이기 시작한다. 1960~1970년대 이후로는 점차 현장 취재가 보편화되기 시작하면서 인터뷰를 통해 사실을 확인하는 경향이 두드러졌다. 기사에서 공연에 대한 소개 형식이 차츰 정착되었다.

이는 신문 기사의 양적 증가와 함께 취재 기자의 역할 변화에서 비롯되었다고 할 수 있다. 기사 자체가 읽을거리로서 자리 잡아 가는 한편 다양한 방식으로 취재함으로써 기사의 신뢰도를 높일 수 있게 된 것이다. 신문은 거시적인 매체 변화는 물론 사회 변화를 엿볼 수 있는 하나의 지표로서의 역할을 하고 있음은 말할 나위 없다.

춤의 기록에서 신문의 연구는 중요하다. 어떤 현상이 사회적 흐름 속에서 어떻게 진행되었고 사회에 어떠한 영향을 미쳤는가를 체계적이고 다양한 연구 방법을 통해 폭넓게 조명하게 한다. 비록 미시적인 접근이라 할지라도 기록을 통한 연구에서 다각도로 접근해 볼 필요가 있다. 신문의 역할은 라디오와 텔레비전의 등장 이후 정보 전달 매체로서의 역할을 뛰어넘어 심층보도, 기획보도, 해석과 의견에도 비중을 두게 된다.

특히 개화기, 일제시대를 거치면서 한국 사회는 사회 배경을 바탕으로 한 영향력에 지배받았고 격동기를 겪으면서는 정부의 영향력도 많이 받았을 것이라는 점을 짐작케 한다.

1950년대까지만 해도 개화기 영향에서 자유롭지 못했다. 기사에 한

01 김영화(2008) 「개화기 신문텍스트의 활용어미 및 문장구조연구」, 116쪽.

자어 사용이 많아 널리 이해를 얻지는 못했다. 1960년대 후반에 이르러 한글전용화 정책이 발효되면서 신문 기사에 획기적인 변화가 일어난다. 쓰기 쉽고 읽기 쉽게 변화했다는 뜻이다.

이러한 순기능적 변화에도 불구하고 한국 언론은 지속적인 정치적 통제에서 벗어나지 못했다. 관영 언론의 성향을 나타냈다. 70년대 이후 기사에서는 사실 보도와 함께 기자의 의견이 개입되기도 한다. 전적으로 예술 활동에 관한 기술에는 제약이 따르지만 지난날의 파편들을 찾아서 엮음으로써 과거를 재구성한다는 의미에서 가치가 있다. 점차 춤 평론가들의 활발한 활동으로 읽을거리로서의 기사가 많아졌다.

기본적으로 신문은 그 특성인 사실 보도가 일종의 보도적 관행을 띨 수도 있겠지만, 전체적으로 시대를 바라보는 매체로서 역할을 갖는다. 뿐만 아니라 무용가 일인을 통해 그가 작품 활동을 살펴볼 수 있는 계기가 되기도 한다. 전적으로 예술 활동의 기술에는 제약이 따르지만 지난날의 파편들을 찾아서 묶음으로써 과거를 재구성하는 기록매체로서의 개념으로 중요한 가치가 있다. 이를 통해 춤에 대한 기록 연구가 좀 더 다채로워질 수 있다.

| 김막인 무용발표회, 위대한 왈츠, 무용제
(국제극장–현재 명동예술극장)

2. 근대 신문 속 무용(광고)

1930~1940년대 근대 신문기록을 살펴보면 광고의 틀이 글씨만으로 정형화되어 있어 공연에 대한 정보전달로 성격이 강하게 나타났다. 1930년 11월 14일자에는 최승희는 〈파우스트〉 광고 위에 공연사진을 넣어서 광고의 효과를 얻기도 했다. 이것은 최승희 공연광고에서만 볼수 있는 시각적 특수효과였던 것 같다. 1931년 1월 7일자 최승희의 유명한 『광시곡』의 춤추는 모습도 볼 수 있었다.[02]

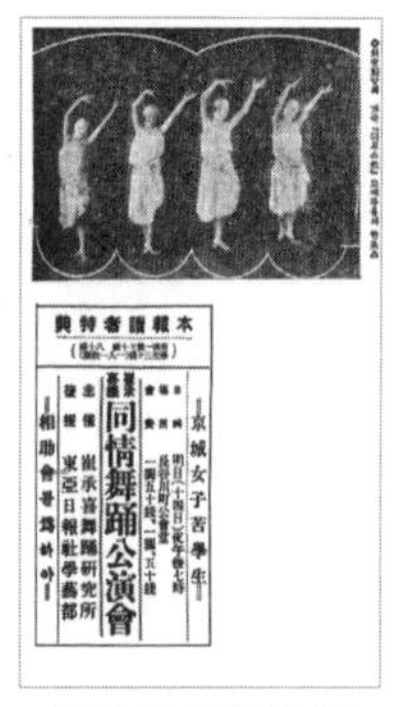
京城女子苦學生
同情舞踊公演會
崔承喜舞踊研究所
東亞日報社學藝部

| 최승희 〈파우스트〉(1930)

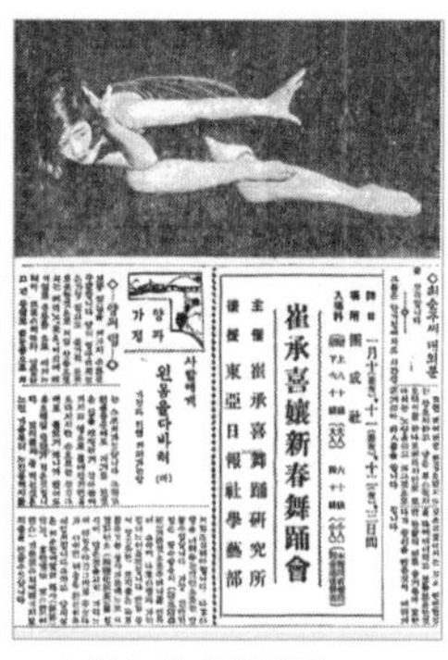
崔承喜孃新春舞踊會
主催 崔承喜舞踊研究所
後援 東亞日報社學藝部

| 최승희 〈광시곡〉(1931)

舞踊家趙澤元씨 歸國後第一回公演

| 조택원귀국 제1회공연(1934)

飮毒
初秋南山에서
舞踊家趙澤元氏
研究次佛國에
歸路에는米國거처
時局活動寫眞
各地巡廻映寫

| 조택원 잠시 귀국(1937)

趙光바레
市立劇場

| 조광발레 제1회 공연

02 이찬주(2016) 「근대신문속 무용광고」, 『몸』 5월호, 56~57쪽.

1931년 4월 25일자 동아일보에는 최승희는 광고속에 사진을 넣어 싣기 시작하였다. 푸로그람이라는 글자가 왼쪽부터오른쪽으로 선명하게 써있다.(제3회 신작공연) 1931년 4월 28일자(제3회 신작공연) 사진을 달리하여 싣기도 하였다. (62페이지 참조)후원에 동아일보학예부라고 맨 밑에 적혀있는 것으로 미루어 볼 때 그녀의 후원처인 동아일보에서 주로 광고를 했던 이유를 어림 짐작케 한다.

1950년대 들어서면서는 글씨광고를 벗어나 광고가 지닌 한번에 인식할수 있는 그림도식을 사용하였다. 춤추는 사진보다는 재미있는 그림으로 눈길을 끌기도 한다. 1949년 11월 28일 동아일보에는 조용자(趙勇子) '무용계의 호프'라는 글자와 함께 얼굴을 넣은 광고가 독특하다.

조용자(1924~)는 사실 무용계에서 현재 잘 모르는 사람들도 있지만 광고에 무용계의 호프라고 써 있는 이색적인 글귀만큼 서양무용을 잘 했던 인물로 부산에서 태어나 본명은 갑식(甲植)이며 날쌘 사람이란 뜻

| 조용자(趙勇子)(1949·1954)

을 지닌 용자(勇子)라는 예명으로 활동하였다. 그녀는 이시이바쿠(石井漠)의 무용연구소에서 함께 배웠던 조택원에게 서울 공연에 출연 권유를 받아 무대에 섰다. 이후 1944년 4월 20일 제1회 무용발표회를 부민관에 올렸고 1946년 2월 14일~16일 국제극장에서 세번째 무용발표회(조선일보 1946. 2. 10)를 가질만큼 왕성하게 활동하였다. 이 광고는 1949년 11월 28일 그녀의 네 번째 무용발표회이다. 한국무용협회 김복희 회장의 이종사촌 언니이기도 하다.

| 송범무용발표회(1953)

1952년 6월 8일자 경향신문에 글자만 쓰인 송범무용발표회 광고는 이듬해 1953년 11월 11일 송범신작발표회와는 사뭇 다르다. 이후 1955년 코리아발레단을 결성을 하게 된 송범의 활약을 미리 짐작케한다.

1956년 11월 송범·임성남과 함께 〈한국무용가협회〉를 결성한 김백봉의 광고도 볼수 있다.

김백봉은 그의 대표작 부채춤을 추는 그림을 실었고, 1953년 경향일

| 김백봉 무용발표회(1954·1956)

보의 강선영 광고에는 한삼을 낀 채 춤추는 여인 오른편에 고전무용이 라는 큰 글귀가 눈에 띈다. 고전이란 현대를 구분 짓는 광의적인 의미를 지닌다. 그러나 1970~80년대 지역문화의 발굴과 함께 새로운 춤 문화가 이식되는 과정에서 정병호 선생의 연구를 중심으로 '민속무용'에서 '전통무용'이란 영역이 새로이 자리 잡으면서 이후 그동안 한국에서 사용되어 오던 고전무용이라는 용어는 그 사용을 자제하기 시작하였다. 현재도 간혹 아주 깊은 시골 읍내에서 발견되는 고전무용학원 간판을 발견할 때는 어린시절의 자주 사용했던 말(어휘)의 추억을 떠올리게 된다.

| 강선영 고전무용 제1회 발표(1953)

광고는 1950년대까지만 해도 구

한말의 영향에서 자유롭지 못했다. 기사에 한자어 사용이 많아 널리 이해를 얻지는 못했다. 1960년대 후반에 이르러 한글전용화 정책이 발효되면서 신문 기사에 획기적인 변화가 일어난다. 쓰기 쉽고 읽기 쉽게 변화했다는 뜻이다.

전적으로 예술 활동에 관한 기술에는 제약이 따르지만 지난날의 파편들을 찾아서 엮음으로써 과거를 재구성한다는 의미에서 가치가 있다. 이와 달리 신문 기록에서 확인할 수 있었던 변화는 물론 사회 변화를 엿볼 수 있는 하나의 지표로서의 역할을 하고 있음은 말할 나위 없다.[03]

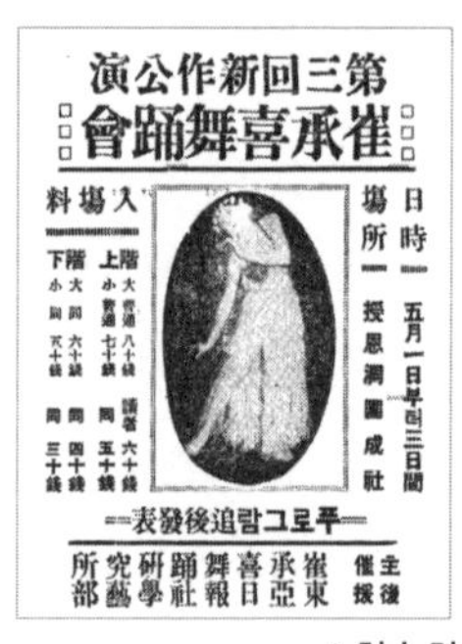
第三回新作公演
崔承喜舞踊會
日時 五月一日부터三日間
場所 授恩洞團成社
入場料
프로그람追後發表
主催 後援
崔承喜舞踊研究所
東亞日報社學藝部

第三回新作公演
崔承喜舞踊會
日時 五月一日부터三日間
場所 授恩洞團成社
入場料
프로그람追後發表
主催 後援
崔承喜舞踊研究所
東亞日報社學藝部

| 최승희(1931)

| 진수방 신작무용(1947)

3. 신문으로 본 송범의 활동 기록

송범의 출생일은 음력 1925년 12월 17일이며 양력 생일은 1926년 1월 30일이다. 그가 생전에 구술채록을 통해 자신의 생일을 밝혔고[04] 국

---

03 이찬주(2016), 「근대신문속 무용광고」, 『몸』 5월호, 56~57쪽.

04 송범, 『제1차 구술채록문(2004)』(공연예술디지털아카이브), 2쪽.

| 민족무용의 현대화(1959)

립예술자료원 – 한국예술디지털아카이브(http://www.daarts.or.kr)에 보존되어 있다. 그러나 호적에는 1926년 3월 25일로 기재되어 있다. 이는 오류인데도 많은 연구에서 그대로 사용되고 있다. 또 다른 다른 국가기관인 공연예술박물관 – 공연예술디지털아카이브(http://archive.ntok.go.kr)에서도 송범에 해당하는 첫 면에 1926년 3월 25일로 기재되어 있다. 춤계에서도 송범의 생애와 작품 활동에 대한 연구는 다수 이루어졌고 지금도 여전히 연구 중이지만 오류는 수정되지 않은 채 이어지고 있다.

송범에 대한 기록 오류는 이것만이 아니다. 경향신문 1962년 9월 20일자에 의하면 그가 누나 손에 이끌려 가서 본 최승희의 공연이 그가 춤의 세계로 들어가는 결정적인 계기가 되었는데, 그 시기가 중학 2학년 또는 중학 3학년으로 기재되어 있어 많은 연구자들이 혼동하곤 한다. 물론 다양한 문서 자료를 찾아본다면 문제가 되지 않지만 정확한 기록을 찾아내기까지 시간을 투자해야 하는 점이 적잖은 문제이다. 사실 송범이 근·현대에 활동한 춤예술가들 중 가장 손꼽히는 인물임에도 불구하고 그에 대한 기록이 제대로 정리되지 않았다는 것은 아이로니컬한 일이다.

뿐만 아니라 그가 무대에 정식으로 데뷔한 시기도 명확하지 않다. 그에 대한 많은 연구와 자료에는 1948년 〈습작〉으로 기록되어 있다.

그러나 경향신문 1947년 11월 23일자에서 이미 '〈習作〉의 意味'라는 제목으로, 〈습작〉이 그의 데뷔 무대이며 "가히 전도를 촉망케 한다"는 평을 받았다(평론가 문철민). 이 기사는 그의 젊은 시절 기량에 대한 기록으로 자주 대두되는 중요한 기록 중 하나이다.[05] 〈불의 희생〉은 그가 육군 정훈국 소속의 문화공작대로서 1951년 10월 공군과 해군의 지원으로 부산극장에서 초연했는데 서울에서 공연한 연도인 1952년을 초연 연도로 잘못 알고 적어 놓은 기록도 있다.

제1회 신작무용발표회를 가진 이후 송범이 1년에 두 번씩 정기적으로 발표회를 가지려고 노력한 점을 알 수 있었다.

동아일보 1959년 2월 7일자에는 "민족무용의 현대화—올해 서른네 살, 십육년동안 무대에서 츄레이닝한 완장한 작은 몸집에 정열이 담뿍 담겨있는 인상, 작년 가을까지 십이회의 발표회를 가진 정력가이기도하다"고 쓰여 있는데 그의 공연이 쉼 없이 이루어져 왔음을 알 수 있다. 다음 〈표1〉은 그의 공연에 대한 신문 기록들로 그의 작품 제목을 명확히 하는 데 사용되었다. 근대에 사용하는 외래어 표기법도 지금 우리가 사용하는 것과 동떨어져 있는 느낌이며 세부적인 내용을 담은 신문 기사도 만나볼 수 있었다. 또한 공연에 '신작'이라는 타이틀이 신문 지면에 실려 이를 통해 확인한 신문 기사들에서 초연 연도를 잘못 알고 기록하는 연구가 될 수도 있다. 신문 자료 연구에서 그것들을 인용하기 앞서 신문 기록 내용을 꼼꼼히 확인하는 것이 필요하다.

05 《경향신문》, 1947. 11. 23., 본문 38쪽.

표1. 송범 관련한 〈경향신문〉, 〈동아일보〉 공연 기사

1955. 9. 9 *경향신문	〈생존경쟁〉, 〈공장지대〉, 〈십월〉, 〈참회〉, 〈지향〉, 〈출진전야〉
1955. 9. 10 *동아일보	(송범신작무용공연)〈공장지대〉,〈벽〉,〈참회〉,〈생존경쟁〉 외 수곡(數曲)
1955. 9. 21 *경향신문	송범공연 18, 19에서 20일 하루 더 연기
1956. 5. 2 *동아일보	(송범신작무용발표회)〈패배자〉, 〈환영의사람〉, 〈북을 울리면〉, 〈형로〉
1956. 5. 1 *경향신문	(송범무용발표)〈패배자〉, 〈환영의사람〉 〈오월의 분수〉, 〈형로〉
1957. 10. 19 *경향신문	모던바레1〈유쾌한휴일〉 창작바레 〈환상교향곡〉 베를리오즈곡의 오(五)종목
1957. 10. 20 *동아일보	(신작무용발표회)〈모던.바레1〉, 〈유쾌한휴일〉, 창작 〈바레1〉
1957. 10. 23 *경향신문	(송범무용발표회)〈사랑의 광상곡〉, 〈열풍지대〉, 〈생존경쟁〉
1958. 10. 22 *경향신문	(송범무용발표회)〈광상곡〉, 〈열풍지대〉, 〈밤구름〉, 〈생존경쟁〉, 〈무도의밤은깊어〉 〈아름다운코리아〉
1958. 10. 25 *동아일보	〈사랑의 광상곡〉, 〈열풍지대〉, 〈생존경쟁〉 등
1959. 9. 6 *동아일보	거슈인곡 〈현대인〉, 〈영원한지각〉 리스트 〈생령의신음〉, 〈화이트왈쓰〉, 〈월광곡〉
1960.10.19 *동아일보	노벨상의 가치
1962. 2. 21 *경향신문	영(靈)은 살아 있다
1962. 9. 20 *경향신문	3부로 나누어 16곡

〈표2〉의 경우 조선일보를 통해 춤에 대한 공연평을 쓰는 시기의 필진들을 살펴볼 수 있었다. 『춤』지 발간인이며 무용평론가 1세대의 조동화와 1930년대 일본에서 무용가로 활동하였고 이화여대무용과 산파역할을 한 박외선의 글도 실렸다. 배우 김자옥의 아버지였던 김상화는 근대 시인이자 신문기자로 활동한 인물이다.[06] 1950년대의 공연평의 타이틀도 현재 못지않게 무게 있어 보인다. 동아일보 1977년 12월 17일자[07]에는 현재 무용비평가협회 공동대표 이순열의 "양적풍요에 질은 빈곤"하다는 공연평도 있다.

표2. 송범 관련한 《경향일보》, 《동아일보》, 《조선일보》 공연평과 무용 특집 기사

1955. 9. 21 *(조동화)조선일보	새로운 변형대열. - 宋范 신작 무용 발표회를 보고 -
1956. 4. 28. *(조택원)조선일보	宋范 무용 발표회. - 모던발레 〈패배자〉 -

06 서연호, 『송범』(2014), 67쪽.

07 이순열, 무용평론가 《동아일보》, 1977. 12. 17.

1956. 5. 11 *(조동화)조선일보	현대적인 감각과 모랄. - 宋范 신작 무용발표회를 보고 -
1957. 10. 29 *(김경옥)조선일보	本姿 찾은 현대미. - 宋范무용발표회를 보고 -
1958. 10. 31 *(김상화)조선일보	열도와 창의의 결정. - 宋范 무용발표회 -
1958. 12. 16 *(송범)조선일보	나의 무용1년 창작하는 생활과 예술 기고자
1959. 9. 18 *(기사)동아일보	현대의연쇄가 宋范 신작공연
1957. 10. 23 *(조동화)경향일보	문학과무용의 교향시탑 - 宋范신작발표회를 보고 -
1958. 12. 28 *(기사)경향신문	정리 - 1958년 무용계 의욕만 앞섰던 일년 -
1957. 12. 23 *(박외선)경향신문	정유(丁酉)문화계총평무용
1956. 11. 6 *(조동화)경향신문	무용극 최초의 교향미
1963. 2. 15 *(기사)동아일보	한국근대문화 80년 (6)무용 연재기획
1960. 10. 26 *(김경옥)동아일보	새 경지를 개척할 무용계
1977. 12. 17 *(이순열)동아일보	양적풍요에 질은 빈곤

그의 공연에 대한 신문 기록들을 좀 더 자세히 살펴보면, 어떤 제목들에 한해서는 혼동되는 경우가 많다. 예를 들어 〈오월의 미소〉(1952),[08] 〈시월의 노래〉(1953), 〈오월의 인상〉(1953), 〈사월의 노래〉(1954), 〈오월의

08 《경향신문》, 1952. 6. 8.

분수〉(1956), 〈인도적인 오월〉(1952) 등 제목이 엇비슷하다.

표기도 현재와 달라 1950~1960년대에는 바레, 에츄드, 왕비 훼도르, 바·두·드,[09] 칸타비데, 1970년대 기사에도 '송범 뮨헨 올림픽서 민속무 과시'[10] 등으로 기재되어 있다. 〈표2〉무용평론가 조동화는 '현대적(現代的)인 감각(感覺)과 모랄'과 김상옥 새 경직(境地)를 개척할 무용계-에 〈클라시ㅋ·발레〉 등 공연평에서도 필진마다 지금과 다른 표기법을 확인할 수 있었다.

제목의 한자 발음 표기 오류도 상당수 확인할 수 있었다. 〈수련몽(睡蓮夢)〉은 〈수운몽〉으로, 〈공장지대〉는 〈생존지대〉로 표기된 것도 있다. 이는 생존경쟁과 공장지대를 한꺼번에 기록해 〈생존지대〉가 된 것이 아닌지 추측된다. 〈인도의 벽화〉, 〈무녀무도〉, 〈흑의의 여인〉도 한자 발음을 잘못 표기한 예이다. 심지어 〈승전보(勝戰譜)〉는 〈승전무〉로 기재되어 그 의미가 전혀 달라졌다.

| 이국풍의 춤

09 김경옥 무용평론가, 《조선일보》, 1963. 3. 17.

10 《동아일보》, 1973. 10. 20.

| 이국풍의 춤

표3. 송범의 주요 작품 연대표(1947~1996년)

연도	주요작품
1947년	습작★
1948년	새벽(송범출연)*, 천하대장군(송범출연)*
1949년	출진
1950년	참회-신부의 고뇌*★, 수련몽★
1951년	망향, 양자강, 유랑, 전선, 불의 희생★
1952년	승전보★, 힘과 선, 영원한 조국, 거미의 생태, 무녀무도★, 사사(使祀)의 춤, 자연을 호흡함, 4285년, 뱀의 생리학, 아리랑 환상곡★, 5월의 미소(微笑)★, 망향★, 황홀한 시상★, 칼멘★, 향토의 정서★, 애착★, 인도적인 5월★ 생명의 신비
1953년	예술가의 일생, 뱀의 생리, 파랑새, 아다지오의 밤, 토리아(어)귀, 라오펜, 인도라, 지평선, 동란일기, 5월의 인상, 불춤, 비장, 생명의 신비, 오후의 목동, 10월의 노래, 수평선을 밟으며, 생령의 신음★, 항거★, 동란일기★,여명-자유의신 역할, 무용시-모윤숙원작의 시
1954년	명상에의 동의, 여명, 자유, 4월의 노래, 인도의 연가★

연도	주요작품
1955년	생존경쟁, 벽, 공장지대*, 인도의 벽화*, 시월, 인도의 연가 → 불의희생(재구성)한순옥
1956년	사형대, 패배자, 형로*, 환영의 사람, 북이 울리면, 죽음의 승리, 10월의 노래(시월), 만유인력, 만나서는 안 될 너와 나, 라일락 피는 밤, 오월의 분수, 안단테 칸타빌레 – 한여름 밤의 꿈*, 저항, 비련–(송범,임성남,김백봉)*
1957년	유쾌한 휴일, 환상교향곡
1958년	흑의의 여인*, 밤구름, 무도회의 권유, 백색의 원무(곡), 만지의 연가, 사랑의 환상곡, 무도의 밤은 깊어, 아름다운 코리아, 열풍지대*
1959년	현대인(영원한 지각)*, 추억의 야회, 화이트 왈츠, 월광곡, 리스트, 황혼이 짙으면
1960년	백야
1961년	기항지, 혁명 전야, 농악, 죄와 벌
1962년	영(靈)은 살아 있다, 침종(극단 안무)*, 월광, **16편공연
1963년	고요한 찬가, 에츄드, 암흑, 에레지, 도피자, 사바의 유혹, 향수, 광열의 고독, 검은 태양, 배신(송범 구성,연출, 김진걸 안무)* 영지(김문숙 안무)(송범출연)*
1965년	멍든 산화, 아이다(오페라단 안무), 무희타이스(송범연출)*
1966년	심산유곡, 왕비 훼도르, 춘향전(오페라단 안무)* 아 1919, 사신의 독백
1967년	종송(수도승 송범), 인간투쟁, 자유의 사수(오페라단 안무)*
1968년	화관무,선녀춤,연가, 달과 여인, 파우스트(오페라단 안무)* 향연(송범출연)*
1969년	결혼날, 한산섬 달 밝은 밤에(오페라단 안무)*
1970년	전원풍경, 가을의 서정, 코펠리아, 달빛어린 고원
1971년	승무, 관등놀이

연도	주요작품
1972년	강강술래, 단오절
1973년	별의 전설
1974년	왕자 호동, 사의 승무(초연 9월 28일)* –참회(수도승의 번뇌, 사의승무소품작)
1975년	카르멘(오페라단 안무)*
1976년	상록수(가무단 안무)*, 함성(극단 안무)* 사의 승무(10월4일 송범 춤꾼으로서 무대에 오름(50세))
1977년	초립동(극단 안무), 춘향전
1978년	마음속에 이는 바람 → (멍든 산화 개작)
1979년	꿈, 꿈, 꿈
1980년	푸른 천지(일명 허생전)
1982년	썰물
1984년	도미부인
1986년	은하수 → (별의 전설 개작)
1990년	그 하늘 그 북소리
1995년	황혼의 노래
1996년	오셀로(춤극: 무어랑) – 송범 데스데모라 부친역특별출연

표시설명: ★ 연도 오류, * 새로삽입

다음은 발표 연도 오류로, 초연 기록이 잘못 알려진 작품들이다. 〈참회〉는 초연이 1950년인데 초연 기록에서 가장 많은 실수가 일어나는 작품이다. 〈아리랑 환상곡〉, 〈오월의 미소(微笑)〉, 〈망향〉, 〈황홀한 시상〉, 〈칼멘〉, 〈향토의 정서〉, 〈애착〉, 〈인도적인 오월〉 등도 마찬가지이다. 〈백색의 원무(곡)〉, 〈흑의의 여인〉(1958), 〈열풍지대〉(1958), 〈형로〉(1956) 등도 많은 연구에서 연도가 정확하지 않았다. 특히 〈안단테 칸타빌레–

한여름 밤의 꿈〉, 1959년 〈현대인(영원한 지각)〉은 신문에서도 각각 연도가 다르게 표기되었거나 하나의 작품으로 또는 두 작품으로 나누어 〈안단테 칸타빌레〉와 〈한여름 밤의 꿈〉, 〈현대인〉과 〈영원한 지각〉으로 기록되기도 하였다.

宋范氏新作舞踊發表會

19·20兩日間市公館서

| 송범신작 발표회(1957)

| 검은태양 송범·주리(1963)

1959년 〈현대인〉, 1960년 〈백야〉, 1961년 〈기항지〉, 〈혁명전야〉, 〈농악〉, 〈죄와 벌〉 등[11]은 경향신문 1958년 12월 28일자를 참조하여 정확한 날짜를 알 수 있었다.

하지만 신문 기사에서도 작품 연도가 잘못 기재된 경우가 발생했다. 〈그림3〉 동아일보 1962년 9월 20일자에는 송범의 데뷔작인 〈습작〉이 1948년 발표로 잘못 기재되어 있다. 대다수 연구자들이 이 신문의 기록을 인용한 탓에 현재 송범에 대한 많은 연구에서 〈습작〉 발표 연도를 1948년으로 표기하는 오류가 일어난 것 같다. 이것을 경향신문 1947년 11월 23일자 기록 확인(본문 38페이지 참조)을 통해 바로잡을 수 있었던 것은 본 연구의 큰 성과라고 할 수 있다.

한편 송범이 참여한 작품의 세부적인 내용을 신문 기사에서 알 수 있었다. 〈새벽〉, 〈천하대장군〉(이상 송범 출연), 〈배신〉(송범 구성/연출, 김진걸 안무), 〈영지〉(김문숙 안무, 송범 출연), 〈푸른도포〉(주리 안무, 송범 출연), 〈무희 타이스〉(주리안무, 송범 연출), 〈향연〉(김진걸 안무, 송범 출연), 〈달밤〉(송범 출연)이 그러한 예이다.

| 영지(김문숙 안무·송범 출연, 1963)

11 《경향신문》, 1958. 12. 28.

| 별의전설(1973)

| 별의 전설, 송범 · 김문숙(1973)

근대 신문 중 〈표2〉에 〈공연평〉의 기록을 제시했듯이 1950년대 들어서면서 춤에 대한 지면이 점차 늘어나 그의 공연 활동이 일간지에서 기사화되었다. 신문 기사 형식도 기본적인 정보 전달 성격을 띤 1940년대와 달리 필자의 의견이 점차 삽입되면서 확연히 달라진 양상을 보였다.

송범은 1962년 국립무용단 부단장이 된 후부터 국가 사절단으로서 멕시코올림픽, 런던올림픽과 해외 순회공연에 참여했으며 대통령 해외 순방 중 국가 사절단으로서 한국 문화를 널리 홍보하여 신문에 대서특필되기도 했다. 〈표5〉 1973년 송범은 한국의 민속무용을 널리 알려 표창을 받았다.

1992년에 그의 퇴임 시기를 맞는 90년대는 2년간의 국립무용단의 단장으로서의 활동으로 1980년대에 비해 적은 무용극과 소품 공연 횟수를 기록하게 됨을 알 수 있다. 국립무용단의 행보는 30년을 끝으로 마무리를 지었다.[12]

문화면에서도 무용 분야에 점차 많은 지면이 할애되어 송범의 예술 활동이 담기기도 하였고 그 밖에 신문의 단신에서도 송범 관련 기사를 볼 수 있었다. 조선일보 1973년 10월 17일자에서는 문화예술상 수상자 인터뷰 중 연예부문 수상자인 송범 부분에서는 "나이들수록 집착(執着) 강(强)해"라는 문구가 눈에 들어온다. 이 기록은 10년 후에도 인터뷰를 통해 그가 작품 활동에서 강한 열정을 나타내고 있음을 알려준다. 송범의 춤인생에서 굵직굵직한 변화 모습을 신문을 통해서 확인할 수 있었다.

---

12 《조선일보》, 1992. 12. 19.

표4. 송범 관련 무용 기사물

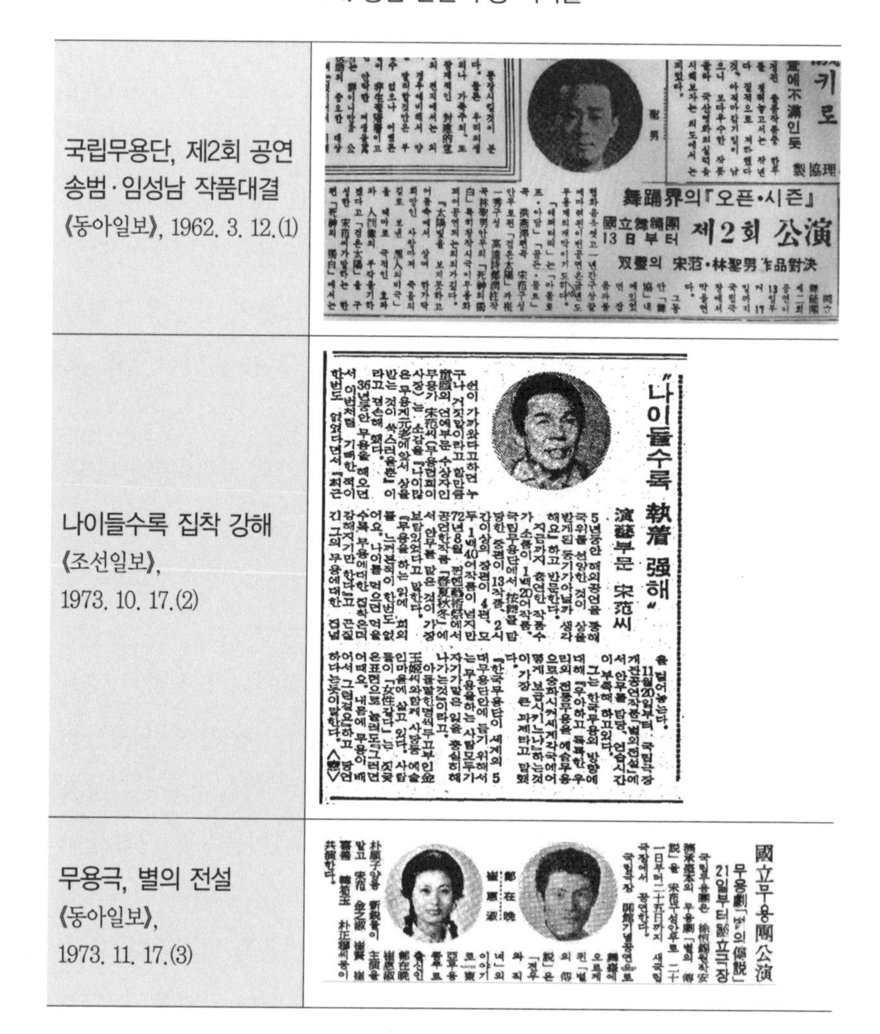

국립무용단, 제2회 공연 송범·임성남 작품대결 《동아일보》, 1962. 3. 12.(1)	舞踊界의『오픈·시즌』 國立舞踊團 13日부터 제2회 公演 双璧의 宋范·林聖男 作品對決
나이들수록 집착 강해 《조선일보》, 1973. 10. 17.(2)	"나이들수록 執着 强해" 演藝부문 宋范씨
무용극, 별의 전설 《동아일보》, 1973. 11. 17.(3)	國立무용團公演 무용劇「별의傳說」 21일부터 國立극장

표5. 송범 관련 무용 기사물

송범해외공연 표창 《경향신문》, 1973. 10. 17.(4)	우리 民俗舞踊해외에 널리소개 演藝 宋 范씨
해외공연 국립무용단 《경향신문》, 1978. 8. 3.(5)	世界속 韓國심는 「外交使節」 68년創團…民俗藝術團 어제와 오늘 10년동안 85개國돌며 公演 "섬세하고 장중·찬란한 韓半島풍세文化 재현" 곳곳서極讚…새이미지 浮刻 한국민속예술단이 펼치는 「부채춤」은 외국인들의 넋을 빼앗는 레퍼터리의 하나이다.
춤에 미친 30년 《조선일보》, 1992. 12. 19.(6)	한국무용계 두巨木… "춤에 미친 30년" 국립국장은퇴 宋 范·林聖男씨 ◇宋 范씨 ◇林聖男씨

제6장
송범의 파트너, 주리·한순옥

우리들은 단짝

발레리나·宋范
발레리나·朱莉

15年을 줄곧
研究所도共同經營

| 송범·주리 15년 연구소(1963)

조선일보 1963년 2월 28일자에 나온 '우리들은 단짝'이라는 짤막한 코너에서 "발레리나 송범(宋范)–발레리나 주리(朱莉). 15년을 줄곧 연구소(研究所)도 공동경영(共同經營)"이라는 제목으로 송범과 주리 관련 내용이 있다. 송범이 파트너 주리와 함께 오랫동안 호흡을 맞추어 작품 창작에 매진해 왔음을 보여준다.

송범과의 오랜 파트너를 지낸 '주리'와 '한순옥'의 면담을 통해 그의 작업을 엿볼 수 있다.

1) 주리

송범은 조택원 무용연구소를 광복 후부터 1947년 스승 조택원(1907~1976)이 미국으로 떠나기 전까지 다녔다. 조택원의 제자 가운데는

진수방(1921~1995)이 있었고 송범은 그에게 스페인 무용을 조금 배웠다.[01]

趙澤元舞踊硏究所

所員舞踊發表公演會

十一月一日(金)午後七時半

黃昏의 圓舞曲 趙澤元 陳壽芳

| 조택원무용연구소 신작무용발표회(1937. 11. 1. 동아일보)

舞踊評

個性과 品位있는 佳作

陳壽芳 渡美告別公演

<무대의 陳壽芳씨>

趙東華

| 진수방 도미고별공연(1963 3. 27 동아일보)

01 서연호(2014), 『송범』, 월인, 40쪽.

송범은 진수방무용학원에서 배우고 있던 주리(朱莉)를 처음 만났다. 그는 그녀와 파드되를 하고 싶다고 진수방 선생에게 이야기했었고 주리의 서대문 집까지 찾아갔다

주리는 송범과 춤을 추게 된 계기에 대해서 "자기가 연구소를 하고 있는데 나와 파트너를 꼭 했으면 좋겠다고 해서 25년을 춤을 같이 추었어요."라고 말했다. 그녀는 1969년 마드리드 왕립학교를 떠나기 전까지 파트너로서 춤을 추었다고 회고한다.[02]

1951년 1. 4 후퇴로 국군이 남하하자 송범을 비롯한 20여 명의 무용가들은 조동화를 단장으로 한국무용단을 조직하여 국방부 소속 무용대(舞踊隊)로 편입해서 대구를 중심으로 공연하였다. 한국전쟁 발발 몇 달 뒤 국군의 사기 진작을 위해 문화 예술인 대상으로 문화 공작대 조직을 독려했다.[03]

주리의 말에 의하면, 3년 동안 대구에서 활동했다 하는데, 피난지에서 1소대는 연극, 2소대는 가협(가수), 3소대는 무용으로 구별되어 국군의 사기 앙양을 위한 위문공연을 펼쳤다. 군내 정해진 숙소에서 모두 함께 생활하며 여러 편의 작품을 공연했다. 아침 6시에 일어나서 운동으로 밖에서 뛰게 했다. 피난지에서 대부분의 사람들이 밥을 제대로 먹을 수 없는 상황에서 군대에서 매 끼니를 챙길 수 있어서 좋았다고 주리는 회상한다.

군대 위문공연을 할 때 무대가 없으면 군용트럭 위에서 송범과 듀엣

02 이찬주 주리 면담 2017. 3. 29., 스페인음악무용아카데미.

03 김채현 · 김경애 · 이종호(2005), 『우리 무용 100년』, 현암사, 106쪽.

을 추기도 했는데 트럭이 흔들리는 바람에 발이 움직여 트럭 안에서 흘러 내려가며 춤을 춘 추억이 있다고 주리는 말했다.

1953년 전쟁이 끝나고 〈한국무용단〉은 해산했고 단원들은 각자의 무용단으로 가서 다시 활동을 시작했다. 이때 송범과 주리는 서울 충무로 대한극장 (아래) 근처에 〈송범·주리 무용연구소〉(1956~1967)를 크게 열었다. 발레는 주리, 송범은 현대무용을 가르쳤다.

정의숙(성균관대 교수)은 “우리 집이 필동에 있었는데 그때 학교 가는 길목에 유명한 송범·주리 무용연구소가 있어 초등학교 3학년 때 어머니의 손목을 잡고 처음 무용을 배우기 시작했다.”(핫피플, 2017. 10. 24.) 김영명(동아대 교수)은 고3 때 “너는 무용하면 대성하겠다, 대학에 가더라도 춤은 놓치지 말라”는 은사의 당부로 경희대에 입학하자 곧장 송범·주리 발레연구소를 찾아 한국춤과 발레를 몸에 익혔다고 말했는데 이는 송범·주리 무용연구소의 근거를 뒷받침해주고 있다.

1952년 송범은 주리와 처음으로 〈자연을 호흡함〉의 듀엣을 함께했다. 이 작품은 뚝섬에서 이 나무 저 나무를 돌면서 춤을 추었고 〈인도의 연가〉, 〈다블라오(검은태양으로 가끔 혼동표기)〉, 〈흑인연가〉, 〈환상교향곡〉(1957) 등 수많은 작품에서 듀엣을 추었다. 〈검은 태양〉은 송범과 주리의 듀엣을 포함한 군무로 만들어진 작품이다. 그 시절 〈춘향전〉을 발레처럼 했다고 주리는 말한다. 그녀는 임성남이 일본에서 귀국하기 전까지 송범과 발레를 많이 했다고 한다.

1962년 국립무용단이 창단되어 임성남이 단장, 송범이 부단장을 맡았다. 주리는 국립무용단에서 〈푸른 도포〉(1964), 〈무희 타이쓰〉(1965), 〈론도·커프리치오〉(1966) 등을 안무한 국립무용단 최초의 여성발레 안

| 다블라오

舞踊으로 20年
情熱과 意慾의 사람 宋范
2日 國立劇場서 發表會

宋范씨의 무용「포즈」

「SA」주파수 9백 70「킬로」
오는 10日부터 變更

外畫開封館 다투어 大型 70

| 송범 20주년 주리와 무대에 선다.(1962)

무가이다. 그녀는 송범의 〈왕비 훼도르〉(1966)에서는 주역을 맡았다. 송범은 인도 무용, 현대무용, 발레, 한국무용 등 여러 가지 장르의 춤을 추거나 안무를 했지만 나중에는 한국무용을 더 많이 했다.

국립무용단은 1973년 임성남을 단장으로 한 국립발레단과 송범을 단장으로 한 국립무용단으로 분리되었다. 오랜 기간 송범과 호흡을 맞추었던 주리였으나 국립무용단과 국립발레단 중 한쪽을 택할 수밖에 없는 상황이었지만 어느 쪽도 선뜻 내키지 않았다고 한다. 나의 길은 스페인에 있다고 생각하며 그곳으로 바로 떠나게 되었다고 한다.

2) 한순옥

| 한순옥

한순옥(韓荀玉, 1932~)[04]은 해방 후 인민군의 간섭이 점차 심해지는 북쪽을 떠나 가족과 함께 서울로 이주한다. 그 뒤 얼마 안 되어 한국전쟁이 발발하고 1·4 후퇴 때 친지 중 군인에게 부탁해서 화물 기차를 어렵게 얻어 타고 밀양에 도착했다. 밀양 무봉사의 사월 초파일 행사에 대구에서 온 현대무용가 김상규를 만나

04 이찬주 한순옥 면담 워커힐라운지 2014. 4. 1.

최승희 제자임을 밝혔고 그로부터 자신의 안무작 〈악마와 소녀〉를 공연하는데 파트너가 아파서 오지 못했다며 함께 추자는 제의를 받기도 했다(경향신문, 1962. 9. 8.).

한순옥은 김상규 공연에서 송범을 만났다. 밀양에 있던 한순옥은 김상규 누나의 초청으로 대구에서 〈검무〉로 한국무용단 무대에 섰다. 그때 송범이 분장실로 찾아와 누구 제자냐고 물었다. 평양에서 배우다 왔다고 한순옥이 에둘러 말하자 최승희 제자였다며 송범이 말하곤 어쩐지 이런 멋진 검무는 그밖에 없다며 "그럼 그렇지." 하고 칭찬하며 웃었다고 한다. 그 일은 한국전쟁 중에 송범과 〈한국무용단〉 소속으로 함께 활동하는 계기가 되기도 했다.

| 김상규

| 한순옥-검무

마산의 김해랑(본명 김재우)은 1939년 귀국한 뒤 전국무용경연대회에서 〈애수(哀愁)의 선자(扇子)〉로 특별상을 받으며, 무용계에 화려하게 등장했다.[05] 밀양에 피난 내려왔을 당시 어머니와 함께 마산에 있는 김해랑의 연구소에 찾아가기도 했다. 김해랑 역시 전쟁 중에는 마산, 대구 등지에서 예술인들과 함께 군 위문공연을 펼쳤다. 1953년 휴전 이후 환도와 더불어 무용가들은 고향으로 돌아갔고 송범도 그들과 함께 상경했다.

한순옥이 마산에서 활동할 때 마산 미공보부에 미국인이 철수하고 박승호가 공보부원장으로 왔다. 마산에서 활동하며 〈춘향전〉 춤공연을 하기까지 1년간 머물렀다. 〈춘향전〉에는 월매 김문숙, 이도령 조용자, 방자 이옥현, 향단 신용자 그리고 춘향 역에는 한순옥이었으나 혼란기로 마산 화폐개혁[06]으로 무산되어 부산으로 옮겨 가서 공연할 수 있었다. 한순옥은 부산에 남아 장홍심, 임수영, 박성옥, 김미화 등과 함께 부산무용 재건에 나섰다.

송범은 서울에서 공연하는 〈인도 연가〉 출연을 한순옥에게 부탁했다.

---

05 http://blog.naver.com/bkmin4/221072783478

06 『한국민족문화대백과』, 1950년의 화폐개혁은 지역별로 나뉘어 실시되었다. 1953년의 화폐개혁은 한국전쟁 중 남발된 통화와 그에 따른 인플레이션을 수습하기 위해 실시되었다. 당시에는 전란으로 생산활동이 위축되고 거액의 군사비가 지출되면서 인플레이션 압력이 날로 더해지는 가운데 세원포착이 어려워 세수가 감소함에 따라 재정적자가 심화되었다. 1953년 2월 17일 이후 적용된 긴급통화조치의 주요 내용은 화폐단위를 원(圓)에서 환(圜)으로 변경(100원→1환)하고 환표시의 은행권 및 주화만을 법화로 인정한다 등이다.

| 사랑가

| 송범·박용구·조동화

송범과 주리가 듀엣을 하고 한순옥은 아라비아 공주 역할을 맡아 배꼽을 드러내고 남자를 유혹하는 춤을 잘 소화했다. 그 이후 송범은 한순옥을 자신의 작품에 자주 출연시켰다. 송범은 그 당시 퇴계로의 대한극장 부근에 송범·주리 무용연구소를 열었다. 1961년 돈암동을 근거지로 예그린 악단이 유명 예술인들과 지식인들에 의해 창단[07]되었다. 합창단, 무용단 등 단원이 총 300명이고 무용단도 30~40명으로 구성되었다. 예그린 무용단은 임성남이 단장을 맡고 한순옥은 주임교수를 맡았다. 1962년 박용구 대본으로 김민자가 안무한 〈5월의 찬가〉, 1963년에는 권려성이 안무한 〈흥부와 놀부〉를 공연한 바 있다.

1962년 국립무용단이 창단되었고 송범은 여러 작품을 안무한다. 1966년에 안무한 〈심산유곡〉에서 한순옥은 물의 요정, 최현은 선비, 송

07 박용구(2011), 『예술사 구술총서 1』, 수류산방, 398쪽.

범은 옥황상제로 출연했다. 1967년 〈종송〉[08]에서 한순옥은 관음보살 역을 송범은 수도승을 맡았다. 1968년 〈연가〉는 판소리 〈춘향가〉 중 '사랑가' 장면을 안무한 것인데 송범과 김문숙이 주역이었다. 후에 1982년 〈사랑가〉 초연에서도 송범, 김문숙이 주역을 맡았고 일본 공연에서는 송범, 한순옥이 무대에 올랐다.

| 연가- 판소리 춘향가 중 사랑가 송범과 김문숙

08 〈종송〉(1967) 이운철(사미승), 송범(수도승), 김인주(소복의 여인), 한순옥(관음보살).

| 1968년 멕시코올림픽 민속예술단

국립무용단은 1962년 임성남을 단장으로 부단장 송범, 김백봉 단원으로 김문숙, 진수방, 주리, 강선영, 권려성, 김진걸, 이월영, 이인범, 정인방, 조용자로 총13명으로 출범하였다. 1962년 국립무용단은 창단 후 초기에 재정적 어려움으로 열세 명 단원에게 돌아가는 적은 급료를 절반으로 감축하였다. 1966년 12월에 개편된 무용단원은 임성남을 포함하여 송범, 김문숙, 주리, 강선영, 김진걸 등 여섯 명으로 감원되었다.

1968년 멕시코올림픽을 계기로 유럽 순회공연 등 국위 선양을 위해 우리나라에서 최초로 참가한 민속예술제였다. 그 공연은 많은 신문에 대서특필되면서 1970년 국립무용단원을 늘려 불과 여섯 명으로 줄어들었던 정단원에 한순옥, 육완순, 김학자등이 추가로 입단해 열한 명으로 늘어났다. 1972년 한국무용협회 전국창작무용공연을 갖고 외국무용과 한국무용을 두루 발표했으며 한순옥, 한영숙, 강선영, 정재만, 김학자, 김명순 등과 임성남발레단과 한국민속예술단 등이 출연했다.

1973년 국립무용단이 출범하면서 단장 송범은 한순옥에게 지도위원을 맡겼고 국립극장 준공 기념공연으로 1973년 〈별의 전설〉을 안무했는데 정재만, 최혜숙, 박숙자 신예가 주역을 맡고 송범, 한순옥 등이 공연했다. 한순옥은 1974년 한국민속무용단 조택원, 같은 해 국립무용단 '무용제전'에서는 송범과 함께했다. 송범과의 마지막 작업은 〈왕자호동〉으로, 한순옥은 낙랑공주 역을 맡았다. 이어 한순옥은 국립무용단을 떠나 리틀엔젤스 교사로 1년 3개월 재직하다 같은 재단에 있는 선화예술학교로 옮겨갔다.

송범은 주리와 한순옥을 찾아가 공(功)을 들이는 노력과 정성을 보였고 이는 좋은 작품을 만들기 위한 그의 열정이 깃들어 있음을 알수 있다.

제7장

송범 작품의 성향과 가치

앞서 언급한 그의 작품내용을 통해 송범은 국립무용단의 진로뿐만 아니라 그동안 현대무용에서 한국발레로, 다시 한국무용이라는 양식의 전환을 적극 모색했다. 국립무용단에 부임한 송범의 초기작은 〈영(靈)은 살아있다〉(1962), 〈검은 태양〉(1963), 〈멍든산하〉(1965), 〈왕비(王妃) 훼도르〉, 〈인간투쟁〉 등 우리 민족의 이야기를 담은 외국무용 계열의 작품이었다. 그러나 1968년 멕시코 올림픽의 세계민속예술제 참여를 계기로 한국춤 전문 안무가로 전환하였고, 이후부터는 한국춤의 무대화에 매진하기 시작했다. 이것은 단순한 시대의 교체, 양식의 교체가 아니라 송범의 춤예술세계에서 역사적인 의의가 있다고 볼 수 있다.[01]

1973년 국립무용단이 발레단과 분리되어 한국춤 전문 무용 단원들이 어느 정도 갖추어지자 고전발레처럼 장막 공연작의 필요성이 대두되었다. 송범은 우리나라의 민담이나 설화를 토대로 작업을 하기 시작하였

01 김태원(2002), 『나의 꿈, 나의 길: 송범 춤예술 60년』, 현대미학사.

으며 그는 1세대 한국 무용가들로부터 보고 배운 것들을 실현하며 자신이 추구하는 '민족 무용'을 담아낸 무용극으로 평가할 수 있다.

조광(스페인춤) |

그는 민족 무용을 이루고자 하는 꿈으로서 자신만의 안무 세계를 구축하면서부터 추구했던 안무 철학이다. 최승희와 조택원이 그것을 한국춤의 현대화 혹은 현대춤의 한국화로 안무 원리를 삼았다면, 송범은 한국적 소재와 춤사위를 이용하여 고전 발레와 같은 장막 무용극 형태로 '민족 무용'을 실현하였다. 이처럼 송범이 창작 무용극에 뿌리를 둔 작품들을 지속적으로 공연한 그의 창작열기는 그가 보여주려 했던 한국문화에 대한 이해로 지금도 여전히 한국 춤계에 영향력을 미치고 있다. 그가 세운 창작 무용극의 맥은 현재까지 전해져 무용극은 사랑받는 장르로 굳건히 자리 잡고 있다.

송범이 서양식 프로시니엄 무대에 적합한 한국춤을 만들기 위한 대형 작품은 스펙터클한 모습을 갖추었으며 작품 전개에 있어 사실적이고 구체적인 몸짓을 담아 관객들의 이해도와 호응도를 높였다. 그는 "아름다움에 대한 추구욕이 강렬해지면서 발레기법에 의한 작품세계를 갖고 싶었던 것이다."[02]라고 언급한 만큼 한국춤에 발레의 서구적 형식을 과감히 도입하였다. 많은 외래 춤들을 배우는 일에 게을리 하지 않고 섭렵함으로써 한국춤에 신무용의 기틀을 다지는 데 성공하였다. 송범은 1947년 〈습작〉을 시작으로 1996년 〈오셀로〉까지 발표한 안무작품과 출연작은 재공연을 제외하고도 148여 편 정도에 이른다. 1984년 제작된 〈도미부인〉은 국내외를 통틀어 123회 가량[03]의 놀라운 공연 횟수를 기록했다. 그는 1966년 〈심산유곡〉을 시작으로 본격적인 무용극의 시작을 알렸고 부단히 노력한 결과, 서구적 공연 형식을 차용하면서도 한국춤을 대형 무대예술로 승화시킨 것이다. 또한 국립무용단의 무용극은 음악, 미술, 장치, 조명 등의 종합 예술 형태를 띤 작품으로 형상화되었다.

제58회 정기공연으로 올린 송범 안무 〈그 하늘 그 북소리〉는 차범석, 송범, 박범훈의 앙상블로 송범의 마지막 대작이라고 할 수 있다 송범과 극본 활동을 한 차범석, 그는 「송범은 살아있다」라는 글에서 "무용가 송범은 이 땅에 무용계를 일구고, 가꾸고, 지켜온 살아있는 증인이요, 일꾼임에 틀림없다.… 세월을 애오라지 춤에 바치고, 춤에 취하고, 춤으로 버티어 나왔으니 송범은 바로 한국춤의 맥(脈)이요, 기수(旗手)요, 그 집

---

02 〈송범 예술과 생애〉, 제29회 정기공연 '송범무용전' 1982년 프로그램.

03 이수경(2012), 「송범 무용극에 내재된 한국전통무용의 창조적 수용에 관한 연구」, 숙명여대 석사학위논문, 30~50쪽.

| 최현·송범·유경환(무대감독)

대성에 기여한 초석(礎石)이라 해도 지나친 찬사는 아닐 것이다."[04]라고 업적을 평가하였다.

그의 한국춤의 특성은 곡선적인 미와 유미한 동작을 서양의 직선적이고 정형화된 모습을 이뤘다. 또한 무대 구성도 라인 위주의 조직성과 통일성을 강하게 내포하고 있다.[05] 송범의 춤예술은 설명적 서사 구조에 낭만주의와 표현이 중심을 이루며 그의 강한 극성이 보인다. 그의 기법은 가슴을 울리며 그 감성의 표현이 손끝에서도 전해지는 새로운 형식을 부여했으며 이를 지속적으로 정립해나갔다.

내용 전개는 서사 구조로 이루어졌다. 그는 작품에서 최대한 감정을

04 신주희(1992), 『송범, 그 인생과 예술』, 교양사.

05 윤성주(1991), 「현대한국무용극의 특성에 관한 연구」, 이화여대 대학원 석사학위논문, 70쪽.

부각시켜 춤꾼들의 움직임으로 몸의 의미를 전달하였다. 특히 그의 손짓은 몸의 끝자락에서 유연함의 미를 지니며 길고 휘어질 듯한 몸체와 함께 아름다운 미(美)를 이룬다.

| 송범 초기작품

제8장
송범 작품에 나타난 동작분석

송범이 국립무용단 단장 자격으로 처음 안무한 무용극은 〈별의 전설〉(1973)이다. 동영상 자료를 확인할 수 없어 구체적인 춤사위는 알 수 없지만, 대본을 통해 우리의 전통 설화인 견우직녀의 이야기를 소재로 하였다는 것을 알 수 있다. 견우직녀 이야기는 이후 〈은하수〉(1986)에서 다시 사용되며 부활한다. 이러한 무용극 작품은 〈왕자호동〉(1974), 〈푸른 천지(일명 허생전)〉(1980)에서도 이어진다. 〈왕자호동〉 역시 〈별의 전설〉처럼 국립극장 공연예술박물관에 동영상 자료가 남아있지 않아 동작을 확인할 수는 없었지만 그 소재는 〈그 하늘 그 북소리〉(1990)에서 다시 한 번 사용된다. 그 외 〈백의 환상〉, 〈사의 승무〉 등도 송범이 그동안 꿈꿔 왔던 민족 무용을 실현한 장막 무용극이다. 비록 호평을 받지 못한 채 사라졌지만 이러한 작업은 송범의 세 개 무용극인 〈도미부인〉, 〈은하수〉, 〈그 하늘 그 북소리〉 같은 대작 무용극을 탄생시킨 토대가 되었다. 그가 세운 무용극이라는 창작춤 양식은 국립무용단 레퍼토리 개발의 기본 지침이 되어 〈심청〉(1975), 〈원효대사〉(1976), 〈시집가는 날〉(1979), 〈황진이〉(1981), 〈마의 태자〉(1981) 등 다른 안무가들의 작품에도 이어진다.

여기서는 송범의 작품 세계를 대표하는 3대 무용극인 〈도미부인〉, 〈은하수〉, 〈그 하늘 그 북소리〉의 동작 분석을 통해 그의 한국춤 춤사위와 안무적 특징을 분석해보고자 한다. 송범의 예술계 입문 과정과 안무 세계에 대한 정보는 단행본을 비롯하여 학위논문, 학술지 논문 등을 통해 복수의 연구물들을 발견할 수 있다. 3대 무용극의 대본과 장면의 정서 및 의미뿐 아니라 자세한 무대 구성도까지[01] 확인할 수 있다. 하지만 그 수많은 문서들 중에서 정작 춤의 실체라 할 수 있는 '동작'의 양태와 해석, 그리고 그것이 한국 창작춤사에서 어떤 의미를 갖는지에 대한 자료는 발견하기 어려웠다. 장면마다의 극적인 줄거리를 설명하는 연구는 접할 수 있으나 춤사위에 대한 설명은 극히 제한적이다. 이에 〈도미부인〉, 〈은하수〉, 〈그 하늘 그 북소리〉이 가진 추가적인 설명과 의미, 동작의 발달 과정을 풀이함으로써 송범 춤의 실체를 확인하고 무용극에서 창작춤사위가 어떻게 전개되었는지를 알아보고자 한다.

작품의 원본성을 고려하여 초연 이후 여러 번 공연된 작품이라 하더라도 첫 공연의 비디오를 기준으로 분석하였다. 비디오와 공연 사진은 국립극장의 공연예술박물관에서 볼 수 있었는데 〈은하수〉의 모태가 되는 〈별의 전설〉과 〈그 하늘 그 북소리〉의 모태가 되는 〈왕자 호동〉은 동영상자료가 남아있지 않아 비교할 수 없었던 점은 아쉬움으로 남는다. 또 〈은하수〉의 경우 사진 자료가 없어 포스터와 2012년 4월 5일 청주시

---

01 이수경(2012), 「송범 무용극에 내재된 한국전통무용의 창조적 수용에 관한 연구」, 숙명여자대학교 대학원 석사학위논문; 김희경(2008), 「송범 무용예술의 성향과 가치인식에 관한 연구」. 세종대학교 대학원 박사학위논문; 홍성미(2011), 「무용극〈도미부인〉에 내재된 사상적 원류와 대중적 춤 이미지의 연관성에 관한 연구」, 세종대학교 대학원 박사학위논문.

립무용단에서 재현한 〈은하수〉의 사진을 자료로 사용하였다. 이 작품은 송범의 〈은하수〉 중 일부 장면을 재현한 작품으로 청주시립무용단의 제61회 목요 정기공연 〈별의 전설, 아! 송범〉에서 송범의 여러 작품 중 하나로 선보였다.

송범의 〈도미부인〉, 〈은하수〉, 〈그 하늘 그 북소리〉는 송범이 무용극에서 고군분투하며 끌어 모은 춤사위의 실체를 확인한 작업은 송범의 업적을 구체적으로 재평가할 수 있는 자료가 될 것이다.

1. 도미부인

- **초연**: 1984년 5월 24일
- **공연 시간**: 1시간 15분
- **구성**: 6장

작품 〈도미부인〉은 고려시대 김부식이 펴낸 『삼국사기』에 수록된 이야기를 바탕으로 창작한 장막 무용극 형식의 한국 창작춤이다. 송범은 국립무용단의 모든 무용극에 창작춤의 대본을 두어 극적 완성도를 꾀하였다. 이 작품의 대본은 차범석이 도미설화를 각색하여 2부 9장으로 구성하였다. 원작에서 도미는 단순한 백제의 평민이지만 극에서 도미는 사당패의 우두머리로 나온다. 사당패가 한바탕 농악을 펼치며 볼거리를 제공하기 위한 설정이다. 시대적 배경이나 국적은 극에서 알 수 없으나 재공연되며 불교적 색채를 강화하여 삼국시대의 분위기를 연출하였다. 또 원작에는 없으나 극에서는 눈이 먼 도미가 부인과 만나 춤을 추는 환영 장면이 첨부되었다. 송범은 이를 6장으로 다시 재구성하여 안무하였다. 프로그램의 대본을 보면 자세한 줄거리와 등장인물들의 섬세한 심리묘사, 복잡한 인간관계도가 있지만 이를 춤으로 옮기는 과정에서 장면들을 단순화 시켰다. 희곡을 춤으로 옮기는 과정에서 전혀 다른 매체를 사용하는 예술 장르적 특성상 불가피하게 극적 요소들이 유실되기 때문이다. 대본은 안무를 위한 밑그림이고 결국 완성작은 춤 공연 자체가 된다. 그러므로 〈도미부인〉은 송범이 춤 작업을 위해 다시 한 번 대본을 각색했다고 할 수 있다.

〈도미부인〉의 처음 공연은 1시간 15분이었다. 하지만 이후 크게 호평받으며 여러 번 재공연되는 과정에서 몇 개의 춤이 추가되었다. 앞부분에 불교 색채를 띤 승무와 교방무고가, 3장에 강강술래가 덧붙여졌고 시간은 1시간 55분으로 늘어났다. 승무는 권번에서 추어졌던 전통춤으로 그 원류는 무엇인지 아직까지 확실히 밝혀진 바가 없다. 그 제목과 복식 때문에 불교 춤으로 오인받기도 하는데 〈도미부인〉에서는 시대적 배경을 연출하기 위해 불교와 연관된 춤으로 등장한다. 그 외 농악과 민속춤, 토착 기복신앙도 모두 전통적 색채를 강조하기 위한 안무로 사용되었다. 음악은 대규모의 창작국악 생음악 사용되었다. 가창 부분은 상황이나 주인공의 심정을 설명하는 내레이션 역할을 해주고 있다. 〈도미부인〉은 프롤로그부터 시작한다.

프롤로그

막 앞으로 농악대가 길놀이를 하며 지나간다.

1장

도미가 이끄는 사당패 농악이 등장한다. 1장에서의 춤은 사당패의 풍물 춤과 도미 부부의 2인무가 있다. 내레이션 역할을 하는 판소리에 맞추어 농악이 펼쳐진다. 시나위 음악에 맞춰 타악기를 들고 춤을 춘다. 상쇄인 도미가 꽹과리를 잡고 부인은 설장고를 춘다. 진도북춤, 소고춤이 펼쳐지고 맨손의 여성 군무진이 단체무를 춘다. 어깨를 들썩들썩, 엉덩이를 씰룩씰룩하는 우리내 토속적인 움직임이다. 등장인물들은 관객처럼 무원들의 춤을 바라보며 감상한다. 우두머리인 도미와 부인이 등장하여 사랑의 2인무를 춘다. 2인무는 고전발레에서 반드시 등장하는데 고전발레의 형식을 따르는 송범의 구성에서도 2인무는 한국적 움직임으로 연출되어 등장한다. 주로 대칭 대형으로 데칼코마니 같은 동작을 마주보며 춤으로써 금슬 좋은 부부의 모습을 그리고 있다. 어르며 돌다 마주보며 멈추기, 등 대고 돌며 동작하기 등으로 서로의 호흡을 확인하며 진행된다. 서로 공간상 떨어져 있더라도 상대방을 주시하며 호흡을 함께 하기 때문에 두 사람이 한 몸처럼 움직이는 느낌을 받는다.

| 〈도미부인〉 도미와 도미부인의 2인무(국립극장 공연예술박물관 제공)

2장

장소는 궁궐이다. 2장에서의 춤은 학연화대처용무 합설이 있다. 개루왕과 왕비가 등장하고 그 앞에서 학연화대처용무 합설이 펼쳐진다. 곤룡포와 활옷으로 왕과 왕비의 신분을 나타낸다. 양쪽에는 죽간자, 인인장, 봉선, 계 등 당악정재에서 쓰이는 의물이 열 지어 서 있어 호화로운 궁전을 연출한다. 전체 틀은 학연화대처용무지만 여기서의 연화대는 연꽃대신 장삼을 낀 화관무로 대체하였다. 장삼 안에 북채를 넣어 손을 뿌릴 때 동작이 더욱 확장되고 큰 무대를 꽉 채운다. 부드럽고 우아한 몸짓으로 군무한다. 동작은 대삼, 소삼 등의 정재 한삼 뿌림을 적절히 응용한 창작이다. 위로 뿌리기와 뿌려서 팔에 걸치기, 뿌려서 어깨에 걸치기 등의 동작으로 이루어진다. 춤을 감상하던 왕은 신하에게 어떤 소식을 전해 듣고 노여워 한다.

| 〈도미부인〉 궁중 잔치에서 펼쳐진 궁중춤 장면(국립극장 공연예술박물관 제공)

3장

무언가를 빌고 있는 도미부인으로 시작한다. 도미에게 누명을 씌워 멀리 보낸 왕은 도미부인에게 접근한다. 속적삼을 입고 등장한 여인은 도미부인이 대신 들여보낸 사당녀이다. 설화에는 계집종을 대신 보내지만 극에서는 사당녀로 대체되었다. 왕과 잠시 2인무를 춘다. 3장에 등장하는 유일한 춤이다. 이 2인무는 도미와는 달리 대칭적 동작이 없으며 시종일관 왕을 외면한 채 일방적인 동작을 함으로써 왕에게 얼굴을 보이지 않으려는 구도를 형성한다. 도미부인이 아님을 알아챈 왕은 몹시 분개한다. 신분을 들킨 사당녀는 끌려가 죽음을 맞이하고 도미부인은 죄책감과 닥쳐올 후환에 괴로워한다.

| 〈도미부인〉 개루왕과 사당녀의 2인무(국립극장 공연예술박물관 제공)

4장

어둡고 음산한 조명에 도미가 등장한다. 부인이 왕을 속이려 하였기에 왕에게 눈이 찔린 벌을 받고 쫓겨나 장님으로 거지가 되어 헤매고 다닌다. 눈이 먼 것은 마임으로 표현하고 있다. 도미를 발견한 부인은 재회하여 처음과 같은 애틋함을 담은 대칭적 2인무 구도를 보인다. 민속춤 움직임에서 보이는 어깨춤과 돌기 같은 움직임을 잠시 보인다. 그러나 부인은 도미가 만들어낸 환영이었고 환영은 곧 사라진다. 여기서의 2인무는 춤이라고 하기에는 짧은 움직임으로, 4장에서는 마임으로 전체가 구성되었다고 볼 수 있다.

| 〈도미부인〉 도미와 도미부인의 애틋한 대칭적 2인무(국립극장 공연예술박물관 제공)

5장

사당패의 농악이 다시 등장한다. 1장에서 타악이 잠깐 등장했다 퇴장했던 것과 달리 5장에서는 공연의 중심을 차지한다. 상모돌리기, 자반뒤집기, 북·꽹과리·장구 등 화려한 타악기를 두드리며 노는 농악이 시원하게 한판 펼쳐진다. 농악대의 공연이 끝날 때쯤 농악대 속에 있던 도미 부인은 낭인이 되어 쓰러져 가는 도미를 발견한다. 구음이 섞인 구슬픈 살풀이장단에 도미와 부인의 2인무가 이루어진다. 휘모리로 점점 분위기가 고조되고 도미는 사망한다.

| 〈도미부인〉 사당패의 농악 장면(국립극장 공연예술박물관 제공)

6장

장례식 장면이다. 도미의 영혼을 달래주기 위한 고풀이가 이루어진다. 먼저 지전춤이 나온다. 지전은 종이를 돈 모양으로 재단한 것으로, 현물화폐가 아닌 저승에서 망자가 사용할 저승화폐를 상징화한 무구이다.[02] 우리나라의 무속인 굿에서 쓰였던 소품으로 한국춤이 무대화되면서 이를 이용한 작품이 무대화되었다. 지전을 이용한 무녀들의 군무 후, 위에서부터 내려온 무명 천을 춤꾼들이 하나씩 잡고 원형으로 대형을 이룬다. 끈을 감았다 풀었다 하며 앞뒤로 움직이고 좌우로 휘저으며 끈의 시각효과를 이용한다. 검은 무대 배경에 흰색의 의상과 끈은 대조를 이루며 명시성을 높이고 있다. 이후 왕무당을 선두로 지전춤이 다시 행해진다. 다음에는 긴 천을 매개로 천도의식이 시작되는데 이때 긴 천은 인간이 하늘과 연결된 상징이다. 이것을 이용해 도미는 리드미컬한 발걸음으로 하늘에 점점 다다른다. 피날레는 무원들이 사선으로 앉아 하늘 길을 만들고 상여를 옮기는 역할을 하는데 춤보다는 시각적 대형을 이루고 마지막 줄거리를 설명하는 부분이라 할 수 있다. 상여가 이동하고 도미와 부인은 내세에서 조우하며 모든 공연이 끝난다.

〈도미부인〉은 송범 최대의 걸작으로 평가받고 있다. 200여회 국내외에서 공연되었으며 우리나라의 전통춤, 놀이, 판소리를 삽입하여 마치 모자이크 같은 방식으로 안무를 구성하였다. 모자이크 방식이란 각각의 춤 작품을 늘어놓은 옴니버스식과는 다르다. 큰 맥을 이루는 이야기가

---

02 한민족대백과사전
http://terms.naver.com/entry.nhn?docId=1009899&cid=50222&categoryId=50227

| 〈도미부인〉 무명 천을 중심으로 지전춤을 추는 무녀들(국립극장 공연예술박물관 제공)

있고 그 안에서 적절한 장면에 기존 춤을 넣는 방식이다. 전체적인 이야기를 해치지 않으면서 발레의 디베르티스망처럼 공연자의 기량을 관객에게 보여줄 수 있다. 이런 식의 안무 방법을 창안한 것은 당시 창작춤의 초보적인 발달 때문이었을 것으로 짐작한다. 창작춤의 독창적인 어법이란 당시까지도 그리 발달하지 못하였는데 가장 기초 동작인 감기, 어르기, 천천히 돌기로 1시간 이상의 장막 공연을 채우기란 한계가 있을 수밖에 없을 것이다. 때문에 이전까지의 작품들은 작품을 설명하는 마임이 많은 부분을 차지하였고 순수하게 춤을 추는 부분은 20%도 채 되지 않았다. 〈도미부인〉에서도 마임이 많은 부분을 차지하고 있지만 승무, 교방무고, 학무, 화관무, 처용무, 강강술래, 씻김굿 그리고 농악대 등 전통춤과 전통놀이가 총망라됨으로써 창작춤 어법의 한계를 극복하고 있다. 이미 예술적 완성도가 높은 전통춤을 모자이크 방식으로 스토리텔링 중간 중간에 삽입함으로써 빈약한 춤 부분을 보완하고 공연을 강화하였다. 등장하는 춤 중에서 창작춤 레퍼토리는 화관무 정도를 들

수 있다. 화관무는 1954년 11월 26일에서 28일까지 서울 시공관에서 개최된 김백봉 무용발표회에서 처음 선보인 작품이다.[03] 화관무는 궁중 복식 때문에 전통춤으로 보이기도 하지만 1930년 2월 경성공회당에서의 최승희(崔承喜) 제1회 귀국공연 때 연제의 하나였던 〈영산무(靈山舞)〉, 1941년 10월 일본 동경(東京) 제국극장(帝國劇場)에서 개최된 최승희무용종합발표회에서 김백봉의 처녀출연 작품인 〈궁녀무(宮女舞)〉, 1947년 11월 평양에서 가졌던 김백봉 무용발표회에서의 작품 〈고전형식〉[04]에 연원을 둔 창작춤이다. 송범은 국립무용단에서 화관무를 발표하였는데 이를 궁중 장면에 삽입한 것이다.

송범이 1시간 15분의 긴 호흡을 가진 춤 공연을 안무하기 위해 〈도미부인〉에서 시도한 방법은 전통춤의 삽입 외에 대규모 군무의 대형과 무구를 들 수 있다. 고전 발레에서 군무는 개개인의 뛰어난 기량 보다는 대형의 기하학적 구도를 통한 조화와 균형의 미를 중시한다. 송범 역시 그러한 방식을 적용하여 이전보다 군무의 대형을 안무에 적극적으로 사용한 것이 이전과 다른 특징이다. 〈도미부인〉의 군무는 이전보다 한층 규모가 증가하였고 그러한 무원들을 그룹별로 나누어 교차하거나 대립하고 혹은 원을 이루는 방식으로 단체 대형을 중요한 안무 구성으로 둔다. 일사분란하게 움직이는 군무의 대형 변화는 무대를 역동적으로 만든다. 추후 덧붙여진 강강술래 또한 처음부터 끝까지 군무의 대형 변화

---

03 한국민족문화대백과.
http://terms.naver.com/entry.nhn?docId=528825&cid=46666&categoryId=46666

04 한국민족문화대백과.
http://terms.naver.com/entry.nhn?docId=528825&cid=46666&categoryId=46666

로 만들어 가는 민속춤이다. 또 〈도미부인〉에서는 무원들은 여러 가지 무구로 볼거리를 제공한다. 도미와 그의 부인은 원작과 달리 사당패의 우두머리로 설정되고 자연스럽게 소고·반고·북·꽹과리·북·장구 등 각종 타악기가 등장한다. 타악은 특유의 신명으로 관객의 흥을 돋우고 춤을 더욱 호쾌하게 만든다. 소매 넓은 화려한 의상과 삼색 장삼, 각종 의물은 대형 무대의 공간을 채우고 춤에 장식성을 더한다. 이렇듯 여러 전통춤을 모자이크 방식으로 삽입하고, 군무의 대형과 무구로 빈약한 창작춤 어법을 상쇄하는 방식을 취하고 있다. 이 작품은 이전까지 보여줬던 낭만주의 발레 분위기의 서정적인 작품 성향에서 벗어나 전통춤을 이용한 역동적인 대형 스펙터클을 구현하는 데 성공하며 이전보다 한 단계 발전한 창작춤 규범을 제시했으며 송범 최대의 역작이자 국립무용단의 대표 레퍼토리로 지금까지 사랑받고 있다.

2. 은하수

- **초연**: 1986년 4월 10일
- **공연 시간**: 1시간 40분
- **구성**: 5장

〈은하수〉는 견우와 직녀 설화를 무용극으로 만든 창작 작품이다. 견우와 직녀 이야기는 이미 1973년 〈별의 전설〉에서 한차례 작품화하였으나 차범석 극본으로 새롭게 각색하여 재탄생하였다. 86 아시아 경기대회 문화예술축전 참가를 위해 안무된 작품이다. 견우와 직녀 설화는 우리나라뿐 아니라 중국과 일본에도 공통적으로 있는 이야기로 범아시아에서 공감대를 얻기 좋은 소재이다. 극본을 집필한 차범석도 리플렛에서 "내가 이 작품을 쓰게 된 동기 가운데 하나는 이와 유사한 전설이나 민화가 아세아 각 나라에도 전해지고 있기 때문에 외국 사람들에게도 친근감과 호소력이 있게 되어 작품을 통한 일체감도 더욱 공고해질 것이라는 의도에서였다."[05]라고 그와 같은 의도를 밝히고 있다. 중국에서 견우직녀 설화는 나무꾼과 선녀 이야기와 혼합되기도 하는데 이 작품은 그러한 구성으로 각색되어 있다. 〈도미부인〉보다 종류는 적지만 선녀춤, 무녀춤 등 기존에 있어왔던 전통춤을 삽입하여 춤 구성을 강화하였다. 또 이전까지 국악을 사용하였던 것과 달리 창작 국악을 사용하였는데 작곡자 박범훈은 〈은하수〉 음악 구성에 대해 다음과 같이 설명하고 있다.

천상의 편과 지상의 편, 두 가지 빛깔로 하였고, 우환이나 번민이 없는 천상의 편에는 우리의 정악에 바탕을 두었고, 서정적인 분위기의 음악을 사용, 지상의 편에는 한도 많고 고민도 많은 인간 세상을 표출하기 위해 농악, 민속악, 굿음악, 농요까지 다채롭고 생명감이 넘친다.

악기는 궁중악과 민속악이 쓰이는 다양한 편곡을 하였고 2장에서는 국악의 둔탁한 소리와 양악의 날카로운 소리를 혼용하여 이루어졌고, 5장의 고음과 합창은 창작된 음악이다.[06]

---

05 제46회 정기공연 〈은하수〉, 1986, 리플렛; 이수경, 「송범 무용극에 내재된 한국전통무용의 창조적 수용에 관한 연구」(숙명여자대학교 대학원 석사학위논문, 2012), 28쪽에서 재인용.

06 제46회 정기공연 〈은하수〉, 1986, 리플렛; 이수경, 「송범 무용극에 내재된 한국전통무용의 창조적 수용에 관한 연구」(숙명여자대학교 대학원 석사학위논문, 2012), 29쪽에서 재인용.

1장

천상계 장면이다. 궁궐에 옥황상제와 왕후가 자리하고 아름다운 옷을 입은 선녀 무리들이 등장한다. 옥황상제는 하늘을 다스리는 신으로 하늘에 있는 신령들 중에서 가장 높은 위치에 있는 신이다. 원래는 중국의 민간 도교에서 받드는 최고신의 명칭이며 우리나라에서는 무당들에 의하여 받아들여진 신격이다. 전통적으로 한국에서는 하늘을 주재하는 신격으로 인식하여 하느님과 동일시된다.[07] 선녀 군무는 모두 세 가지가 등장하는데 첫 번째는 장삼, 두 번째는 부채, 세 번째는 맨손으로 춘다. 장삼 안에는 북채를 들어 긴소매를 뿌리며 춤을 춘다. 선녀 군무는 장삼 뿌리기, 앉기, 돌기 등의 동작과 연풍대를 반복한다. 다음에는 선녀 부채를 들고 선녀춤을 춘다. 선녀춤은 소품으로 종종 공연되던 레퍼토리로 천계의 분위기를 연출하는데 안성맞춤이다. 선녀들은 넓은 소매 옷에 머리는 위로 올려 화려한 장식을 한다. 장삼과 부채 같은 무구를 이용하여 춤에 장식성을 더한다. 세 번째 맨손으로 추는 선녀 군무에서는 뒤로 잔걸음을 하며 팔을 어르는데 이는 전작에서는 볼 수 없었던 기교이다. 전통춤에서 발재간이 매우 중요한 기교 중 하나인데 창작춤에서 이를 자즌걸음을 발달시켜 작품에 정착시켰고 뒤로 하는 잔걸음을 이 작품에서 볼 수 있다. 선녀 무리들 중에서 가장 화려하게 장식한 선녀의 독무가 나오는데 바로 천제의 딸인 직녀이다. 선녀부채를 양손에 쥐고 잔걸음으로 무대를 돌아다니는 짧은 동작이다. 기본 동작은 선녀춤과 유사하며 표현적인 마임이 중간중간 들어가 행복한 왕실 가족의 모습을

07 [네이버 지식백과] 옥황상제 [玉皇上帝].(한국민속신앙사전: 무속신앙 편, 2010. 11. 11. 국립민속박물관)

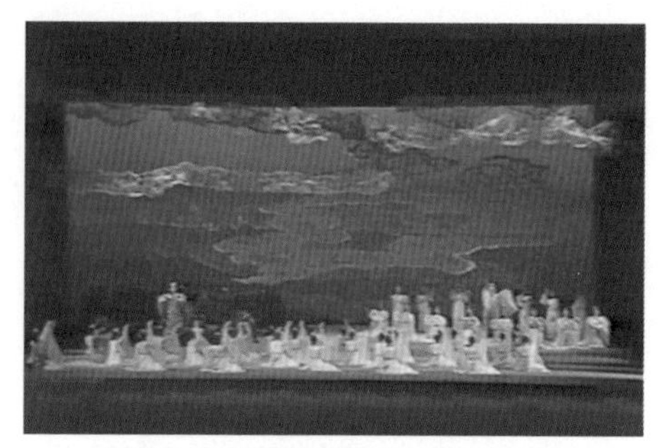

| 〈은하수〉 천상계 궁궐의 평화로운 모습

나타낸다. 다음은 옥황상제와 왕후의 2인무이다. 가장 무거운 옷을 갖춰 입은 두 사람은 다소 느리고 부드러우면서 우아한 동작으로 품위를 더한다. 바람신의 구애를 거절하는 직녀 장면에서 약간의 갈등이 있지만 전반적으로 태평성대한 선계의 모습을 그리고 있다. 파란 의상의 바람신은 직선적인 동작으로 강직하지만 고지식하고 완고한 인물임을 나타내고 있다.

2장

지상세계이다. 견우와 그의 약혼녀인 옥녀, 그리고 옥녀를 산신제의 제물로 바치는 무녀가 등장한다. 우리나라 견우직녀 설화에는 없는 각색된 부분이다. 견우와 옥녀는 서로 사랑하는 사이이다. 두 주역을 둘러싸고 둘의 화합을 나타내는 원형의 대규모 군무가 이루어진다. 원형은 주역을 강조하면서 관객의 시선을 중앙으로 집중시키는 효과가 있다. 따라서 빠르게 이동하기, 받침채로 뛰기, 돌기, 손 위로 옆으로 뻗기 등 단순한 동작이지만 인원과 군무 대형으로 무대의 몰입도를 높이고 있다. 여기서는 무당춤이 두 번 등장하는데 첫 번째는 지전과 방울, 두 번

| 〈은하수〉 지전을 든 무당의 춤

째는 소형 바라를 들고 춘다. 두 개다 굿에서 유래한 소품으로 무당춤을 무대화하면서 이를 이용한 동작들이 다듬어졌다. 이 무당춤은 최승희가 공연한 이후 대단한 인기를 얻으며 소품 공연으로 사랑받는 작품이다. 한국 무속에서 유래한 전통소재이면서 지전과 방울이라는 무구를 활용하여 동작에 화려함을 더하기 때문이다. 뺃기, 뛰기 등을 할 때 동작이 역동적이고 다채롭다. 무녀의 강렬하고 도발적인 눈빛으로 마치 고전 발레 〈백조의 호수〉의 흑조 같이 관객을 압도하는 카리스마가 필요하다. 견우와 옥녀는 억지로 헤어지게 되고 옥녀의 슬픈 몸부림이 이어지는데 춤 기교보다는 마임 위주의 감정 표현이 주류를 이룬다.

3장

홀로 남겨진 견우는 옥녀를 그리워한다. 이때 사슴이 등장하여 견우를 팔선녀가 목욕하는 곳으로 데려하고 거기서 견우는 직녀와 만나게 되는 내용이다. 이 부분은 우리나라 견우직녀 설화에 선녀와 나무꾼의 이야기를 보탠 것이다. 사슴의 동작은 탈춤이다. 탈춤 대부분의 남성 캐릭터가 걷는 모습으로 양 다리를 벌리고 경쾌하게 걸으며 고개를 끄덕인다. 손가락 하나를 세우고 좌우로 왔다갔다하며 고개를 끄덕이는 동

| 〈은하수〉 견우 앞에 등장한 사슴

작은 〈호두까기 인형〉에 나오는 중국인형의 춤과 흡사하다. 무대를 돌아다니며 견우에게 팔선녀의 목욕 이야기를 들려준다. 이어 등장하는 남성들도 시나위 음악에 군무를 하는데 탈춤 모티프의 동작으로 구성하여 토속적인 분위기와 함께 힘차고 동적인 에너지를 발산한다. 선녀들이 지상에서 목욕하는 장면이 무대 뒤에 등장한다. 의상은 비천무·호선무를 묘사한 그림에서 튀어나온 듯 겨드랑이부터 손까지 늘어진 천이 연결되어 있다. 선녀들이 팔을 좌우, 앞뒤로 움직이며 늘어진 천이 너울거리는 효과를 내며 장식성을 강조한다. 사슴이 견우를 이끌고 선녀들이 목욕하는 장소로 인도하고 둘은 만나게 된다.

4장

직녀와 사랑에 빠진 견우는 행복의 2인무를 춘다. 애정하는 두 남녀의 2인무는 사랑가에서처럼 서로 대칭적으로 동작한다. 마주보며 대무하고, 서로 등을 맞대며 도는 것에서 상대의 호흡을 느끼는 방식으로 사랑하는 감정을 동작화 하였다. 좋은 한때를 보내는 것도 잠시, 둘은 다시 헤어진다. 사슴이 날개옷과 부채를 절대 돌려주지 말아야 한다고 했던 주의사항을 견우가 어겼기 때문이다. 직녀는 날개옷을 입고 선녀

|〈은하수〉 견우와 직녀의 2인무(국립극장 공연예술박물관 제공)

|〈은하수〉 날개옷을 돌려받고 기뻐하는 직녀(국립극장 공연예술박물관 제공)

들과 함께 천상계로 다시 날아가 버린다. 옥녀에 이어 직녀와도 이별의 아픔을 겪은 견우는 또 다시 절망한다. 이 이야기 역시 선녀와 나무꾼의 이야기가 혼합된 부분이다. 견우와 직녀의 2인무 이외에는 모두 스토리텔링을 위한 마임으로 이루어진다.

5장

옥황상제와 왕후의 궁궐이다. 여기서 다시 만난 견우와 직녀 앞에 질투로 분노한 바람신이 나타난다. 바람신의 직선적이고 딱딱한 움직임은 춤사위라기보다는 완고하면서 공격적인 태도를 나타낸다 할 수 있다. 우리나라의 설화에서는 옥황상제가 일보다는 사랑에만 노닥거리며 시간을 보내는 견우·직녀 커플에게 헤어지는 벌을 내리는 것으로 되어 있지만 여기서는 바람신의 질투로 둘이 헤어지게 된다. 헤어지게 하는 것도 모자라 칠월 칠석 만나는 날에 바람과 비를 불러들여 더욱 시련을 준다. 이때 까치들이 오작교를 만들어 견우와 직녀의 만남을 돕는다. 까치 의상을 입은 군무가 새처럼 날개를 펄럭거리며 다리처럼 늘어선다. 그러나 동이 트자 헤어지며 이야기는 끝이 난다. 5장은 바람신의 성격적인 움직임을 제외하고는 춤보다는 마임이 주를 이루며 극을 구성한다.

|〈은하수〉 재회한 견우와 직녀를 질투하여 갈라놓으려는 바람신

〈은하수〉는 〈도미부인〉 이후에 개작된 무용극으로 전통춤과 볼거리가 삽입되어 춤을 강화한 방식을 쓴 〈도미부인〉과 안무의 맥을 같이 한다. 여기서는 전통춤보다는 신무용 시기에 창작되었던 선녀춤, 화관무, 무당춤이 쓰인 것이 차이점이며, 전통춤은 탈춤이 유일하게 사용되었다. 탈춤을 제외한 선녀춤, 화관무, 무당춤은 모두 여성적인 레퍼토리들로 〈도미부인〉보다 작품을 서정적으로 만든다. 선녀가 등장하는 선계는 이 작품에서 가장 화려한 부분이며 전작보다 의상, 무구, 배경에서 장식성이 크게 발달했음을 볼 수 있다. 새로이 추가된 동작으로는 잔걸음과 연풍대가 있다. 현재 창작춤에서 기본 춤사위로 익히는 잔걸음은 전통춤에서 볼 수 없었던 기법이다. 마당에서 추는 춤은 야외의 특성상 바닥이 거칠어 터벅터벅 가는 걸음이었으며, 기방에서는 좁은 공간 때문에 빠르고 매끄럽게 무대를 종횡무진하는 걸음이 별로 필요치 않았다. 하지만 춤이 무대화되면서 발레의 부레(bourree)처럼 한국춤도 공간을 이동하기 위한 스텝이 필요하게 되었다. 잔걸음은 매끄러운 무대의 마룻바닥을 앞으로 뒤로 물 흐르듯이 움직일 수 있는 효과적인 동작이며 미적으로도 전통춤의 곡선태와 잘 어우러지기 때문에 기본 동작으로 개발되어 쓰이고 있다. 또 다른 동작인 연풍대는 전통놀이에서 뽑아낸 움직임이다. 연풍대는 양주별산대놀이, 봉산탈춤, 강령탈춤, 강릉관노가면극 등에서 원을 그리며 빙빙 돌면서 추는 춤사위를 말한다.[08] 연풍대의 한자는 두 가지가 쓰이는데 첫 번째 연풍대(筵風擡)는 "바람이 대자리를 들추듯이", 두 번째 연풍대(燕風臺)는 "제비가 바람을 일으키듯이"라는

---

08 한국전통연희사전.
http://terms.naver.com/entry.nhn?docId=3326122&cid=56785&categoryId=56785

뜻이다. 언제나 시작점으로 돌아가는 우리춤의 특징이 드러나는 용어라 볼 수 있다.[09] 민속춤에서 나타나는 연풍대는 여러 가지로 응용되어 쓰이는데 풍물놀이의 자반뒤지기도 연풍대의 일종이다. 민속춤이 궁중으로 들어가며 검기무, 공막무, 첨수무에서도 연풍대를 볼 수 있다. 창작춤에서는 연풍대의 기본 원리에 여러 가지 손동작을 장식적으로 더해 번호를 붙여 정리하였다. 이러한 연풍대 동작의 활용을 〈은하수〉에서 볼 수 있다.

〈은하수〉의 전신에 해당하는 〈별의 전설〉의 경우 3막으로 구성되어 있고 이야기 구조도 단순하다. 〈도미부인〉에서 여러 전통춤을 넣어 춤 부분을 강화한 모자이크 기법의 안무를 시도한 후 〈별의 전설〉도 〈은하수〉로 재탄생되면서 그러한 방식을 사용하였다. 극본을 새로 짜고 작곡도 의뢰하여 5장의 작품으로 거듭났다. 〈은하수〉는 송범 무용극의 전성기에 들어선 〈도미부인〉 이후에 안무된 작품이지만, 또 이전 〈별의 전설〉을 기반으로 하고 있기도 하다. 따라서 선녀춤, 화관무, 탈춤 등 기존 공연 형태가 작품에 삽입되어 스펙터클한 볼거리를 제공하면서도 송범 데뷔 초기 본연의 서정적인 분위기를 품고 있다. 낭만주의 발레의 감수성을 느낄 수 있는 한국의 무용극이라 할 수 있다. 다만 낭만발레의 경우 마지막 장에 그랑 파드되나 분주한 군무를 구성하여 절정을 고조시키는 것과 달리 송범의 무용극에서는 거의 마임으로 처리가 된다. 그 이유는 500년 이상 기법을 발달시켜 온 발레에 비해 창작춤의 역사가 반세기 밖에 되지 않아 기교가 발달하지 않았고 또 이야기의 전달을 매우

09 권혜경, 국립국악원 공식블로그. http://gugak1951.blog.me/220731524563

중요하게 생각하였기 때문이다. 당시 송범 안무의 국립무용단 무용극 작품들은 연극처럼 극본을 따로 두어 대본을 쓰고 작품을 대본에 따라 전개하였기 때문에 줄거리를 설명하는 마임이 많은 부분을 차지하였다.

3. 그 하늘 그 북소리

- 초연: 1990년 6월 20일
- 공연 시간: 1시간 35분
- 구성: 7장

| 〈그 하늘 그 북소리〉 최리왕과 왕비의 2인무(국립극장 공연예술박물관 제공)

〈그 하늘 그 북소리〉는 『삼국사기』에 있는 호동왕자와 낙랑공주의 이야기이다. 줄거리는 소설, 희곡, 사극 등 여러 가지 작품으로 만들어져 우리에게 친숙하며 지속적으로 재구성되고 있다. 송범은 이미 1974년 〈왕자호동〉에서 한차례 작품화한 적이 있다. 〈은하수〉처럼 국립무용단 초기 무용극 모색기에 사용했던 소재를 재사용하여 무대에 올린 경우이

다. 〈왕자호동〉의 영상 자료는 현재 남아있지 않아 〈그 하늘 그 북소리〉가 이전 작품과 얼마나 유사한지는 확인할 수 없으나 무용극의 중요 요소인 극본과 음악을 새로 창작하였고 17년이란 세월 터울이 있는 만큼 거의 새로운 작품이라고 보는 것이 옳은 것이다. 극본은 작업을 계속 같이하였던 차범석이 맡았는데 원작과 다른 점은 '가화'라는 인물을 추가하여 호동을 두고 낙랑과 갈등을 일으킨다는 점이다. 송범 안무의 1974년 〈왕자호동〉은 〈그 하늘 그 북소리〉로, 임성남(1929~2002) 안무의 동명작품 〈왕자호동〉은 대본·연출 국수호, 문병남 안무로 수정을 거쳐 현재 남아있다. 송범 〈그 하늘 그 북소리〉에서는 이전과 달리 퓨전 국악 생음악을 사용하여 웅장하고 장중한 느낌을 살렸고 합창과 양악을 혼합하여 현대적으로 국악을 재해석하였다. 앞서 살펴보았던 〈도미부인〉, 〈은하수〉와 함께 〈그 하늘 그 북소리〉를 비교해보면 무원의 숫자가 늘어나고 의상과 무대장치가 화려해지며 음악은 현장 생음악까지 연주되었는데 이것으로 점차 지원이 좋아지는 국립무용단의 변천사를 엿볼 수 있다. 초기 고정 월급조차 지급되지 않았던 열악한 환경에서 송범을 비롯한 많은 구성원들의 노력으로 80년에 후반에는 국립무용단으로서의 위상이 갖추어졌음을 알 수 있다.

국립무용단은 이전에 북이나 장고 등의 타악기로 구성된 작품들을 종종 올려왔기 때문에 〈그 하늘 그 북소리〉는 언뜻 타악기가 한바탕 펼쳐지는 작품이 연상되지만 제목은 낙랑국의 자명고를 은유한 것으로 타악기를 소품으로 하는 춤은 전혀 등장하지 않는다. 이전 작품에서 북, 소고, 바라, 방울 등 여러 가지 타악기를 이용한 전통춤을 삽입하여 흥을 돋우고 창작춤 동작의 빈공간을 채웠던 것과는 차별적으로 순수한 창작

춤 몸동작으로 장막 공연을 채우고 있다. 기존 전통놀이 중에서는 유일하게 사자춤이 용춤으로 응용 삽입되었다.

프롤로그

등장인물 소개로 이루어진다. 검은 막에 왕, 왕비, 낙랑공주, 호동왕자 등 주요 배역의 역할 소개 사진과 이름이 차례차례 뜬다. 등장인물들은 실제 무대에서 자기 차례에 핀조명이 비추면 인사한다. 마치 영화의 오프닝 장면을 연상케 한다. 〈그 하늘 그 북소리〉는 이전에는 없었던 연출이 추가되었는데 프롤로그에서 전문적 연출력이 십분 발휘되어 있다.

1장

배경은 낙랑국 궁궐, 공주의 처소이다. 화려한 머리 장식과 옷을 입은 공주와 왕비가 등장하고 모녀간에 정다운 분위기의 춤을 춘다. 마치 남녀의 2인무처럼 등을 맞대고 시선을 마주보며 대칭적으로 같이 움직인다. 사선의 팔 사용이 많고 잔걸음으로 이동하며 바람개비처럼 팔을 돌리며 여성스럽고 부드러움을 강조한다. 걱정할게 없는 태평스러운 낙랑국의 모습이다. 궁녀들이 등장하고 군무가 이루어진다. 이전 작품보다 돌기 동작이 많아진 것이 눈에 띤다. 이전의 돌기는 도약하며 돌기, 천천히 돌기 위주였다면 여기서는 뒤꿈치를 축으로 팽이처럼 도는 기교를 선보인다. 팔은 사선으로 하기도, 양팔을 위로 들기도 하며 변화를 주었다. 공주는 호동의 연서를 받고 기뻐한다. 이전에 판소리로 부분적인 내레이션을 대신했다면 여기서는 퓨전 국악이 사용되어 합창으로 공주의 내면을 묘사한다. 이 장은 공주의 아름다움이 강조되는 장이다. 따라서

| 〈그 하늘 그 북소리〉 행복한 대무를 추는 왕비와 공주(국립극장 공연예술박물관 제공)

공주는 걱정 없이 해맑은 모습으로 여성스러운 모습을 한껏 강조한다.

왕비가 퇴장하고 공주는 가화에게 호동의 사랑 편지를 전달받는다. 가슴을 활짝 열고 양팔을 벌린채 잔걸음으로 이리저리 돌아다니며 기쁨을 표현한다. 반면 호동을 흠모하는 가화는 질투에 몸무림친다. 턱을 당겨 강렬한 눈빛으로 공주를 주시하다 가슴을 웅크리며 아래를 향해 있다. 이 모습은 공주의 반대편에 서 있음으로 더욱 극명하게 대조된다.

2장

호동왕자 쪽으로 장면이 전환된다. 패전한 고구려의 장병들이 호동과 함께 권토중래하는 다짐을 담고 있다. 호동을 중심으로 남성들의 원무가 펼쳐진다. 호동은 고구려의 여러 왕자 중 한명이다. 원무는 호동으로 시선을 몰입시켜 호동이 용맹하고 리더십이 강한 인물이라는 것을 표현하고 군사들과 의기투합하는 연출을 보여준다. 남성들의 원형 군무는 호흡보다는 양손을 위와 옆으로 쭉쭉 뻗는 동작을 주로 사용하여 강인

| 〈그 하늘 그 북소리〉 군사들과 의기투합하는 호동왕자(국립극장 공연예술박물관 제공)

한 군사의 모습을 나타낸다. 군사들 중 남성 복장을 한 여성인 '가화'도 있다. 그녀는 호동을 짝사랑한다. 호동은 군사들과 혈맹을 다지는 데 집중하느라 가화의 마음을 눈치채지 못한다. 호동이 퇴장하자 그를 연모하는 마음을 마임으로 표현한다. 가화라는 인물은 그동안 송범 무용극에서 보지 못했던 새로운 중성적 전형을 제시한다. 송범 작품에서는 그 이야기들이 역사적으로 오래된 민담이나 설화에 기반하기 때문에 가부장적 남성 중심의 태도를 취하고 있다. 이 작품에서도 남성은 용맹하고 여성은 여성성을 강조하고 있지만 가화는 남성 복장을 하고 군사들과 섞여 있다. 남성 무원들과 같이 춤을 추며 호동에게 동료로서 접촉하는 점은 이전에는 보이지 않았던 여성 역할이다.

3장

낙랑의 궁궐이다. 무대 뒤에는 적이 쳐들어오면 스스로 울린다는 자명고가 엄청나게 크게 자리하여 무대를 압도한다. 무대 좌우에는 당악

| 〈그 하늘 그 북소리〉 자명고가 자리한 낙랑국의 궁중(국립극장 공연예술박물관 제공)

| 〈은하수〉 부채를 들고 독무를 추는 공주(국립극장 공연예술박물관 제공)

정재에 사용되는 의물대가 늘어서있다. 역사적 배경은 서기 32년이므로 당악정재가 수입되기 전이다. 따라서 용선, 계 등의 의물은 있을 리가 없었겠지만, 작품에서는 장식적 요소로 왕실의 화려함을 연출하기 위해 사용되었다고 보아야 할 것이다. 낙랑국의 왕인 최리왕과 왕비는 화려한 의복과 장신구를 하고 무대 뒤 거대하게 존재감을 자랑하는 자명고를 흡족하게 바라본다. 왕은 왕비와 잠깐의 2인무를 보이며 금슬 좋은 부부의 모습과 온화하고 자상한 부모로서의 모습도 연출한다. 왕과 왕비는 2인무를 추는데 앞선 〈은하수〉 1장 왕과 왕비의 2인무와 유사한 분위기라 보면 된다. 느리고 부드러운 동작으로 왕과 왕비의 품위를 강조하고 사이좋은 부부임을 표현한다. 그들이 여식인 공주는 분홍색 동그란 털부채를 들고 몸을 뒤로 젖히는 동작을 하며 여성미를 한껏 발산한다. 허리를 뒤로 한껏 젖히는 동작은 송범의 여성 독무에서 자주 쓰인다. 군무는 2가지가 등장하는데 첫 번째는 군사 춤이다. 군대 무리들은 직선적이고 딱딱한 동작을 힘차게 뻗음으로써 낙랑국이 강력한 군사를 가지고 있음을 나타낸다. 용이 등장하는데 사자춤을 응용하였다. 용머리를 선두로 무용수들이 간격을 몸통 안에 들어가 긴 몸통을 가진 용처럼 무대를 휘젓는다. 두 번째 군무는 여성 군무인데 연풍대 동작이 사용되었다. 대칭으로 분주하게 교차하며 움직이거나 원형으로 이동하며 동작한다. 공주를 사모하는 필대장군이 등장한다. 그의 직선적이고 딱딱한 움직임에 한국춤의 좌우새를 혼합하였다. 송범의 무용극에서는 바람신, 필대 장군 같이 악역의 움직임이 주로 쓰인다. 공주에게 구애하지만 거절당한다. 홀로 남은 장군은 거칠게 몸무림친다.

어느 성터의 야외로 장면이 바뀌고 공주와 호동왕자가 민중들의 놀이

| 〈그 하늘 그 북소리〉 마을에서 떠돌이 무희의 춤추는 장면(국립극장 공연예술박물관 제공)

에 참여한다. 둘 다 평민의 복장으로 만나게 즐거운 시간을 보낸다. 마을 사람들 사이에서 떠돌이 무희의 독무가 이루어진다. 무희를 맡은 여성 독무는 공주의 춤과는 대조적으로 도발적인 눈빛과 빠른 회전과 멈춤을 이용한 동작을 하며 강렬한 인상을 준다. 흉곽을 열어 몸을 뒤로 젖히는 동작을 자주하는데 당시 한국창작춤의 변화를 볼 수 있다. 한국창작춤은 1980년대부터 현대무용의 기법을 받아들이며 춤 동작을 개발하고 확장하였다. 국립무용단 역시 대형화된 무대에 맞는 확장된 동작과 호흡이 개발이 필요하였고 무희의 춤에서 그러한 현대무용의 영향을 받은 몸의 사용을 볼수 있다.

4장

낙랑국의 성안이다. 어두운 밤, 낙랑국에 부하들과 침입한 호동은 잠을 못 이루던 공주와 우연히 재회한다. 그들은 뜻밖의 만남에 기뻐하며 2인무로 서로의 애정을 표현한다. 그러나 호동은 낙랑국의 군사들에게 발각되고 옥에 갇히게 된다. 2인무의 짧은 동작 이외에는 대부분 마임으로 구성되어 있다.

| 〈그 하늘 그 북소리〉 호동과 우연히 재회한 공주(국립극장 공연예술박물관 제공)

5장

옥중 장면이다. 호동을 지키며 꾸벅꾸벅 졸던 옥지기는 눈앞에 공주의 시녀가 등장한다. 공주의 명에 따라 시녀는 옥지기를 유혹하며 눈길을 딴 데로 돌리도록 꾀어낸다. 공주는 옥에 들어가 호동과 재회하며 뜨겁게 포옹한다. 공주는 자신이 하고 있던 목걸이를 정표로 주고 호동을 탈출시킨다. 4장과 마찬가지로 춤 부분은 거의 없고 마임으로 내용을 설명하는 장이다.

6장

낙랑국의 궁 안이다. 호동을 향한 그리움을 몸짓으로 표현한다. 이때 가화가 찾아온다. 품안에서 왕자에게 주었던 정표인 목걸이와 한 통의 편지를 공주에게 전달한다. 기쁜 마음으로 호동의 편지를 꺼내 서둘러 읽지만 그 내용에 충격을 받은 모습이다. 무대에서는 따로 설명이 없지만 기존의 줄거리로 미루어 보아 아마 자명고를 찢으라는 내용이 들어 있었을 것이다. 가화는 호동을 향한 사랑, 그리고 공주에 대한 질투로 공주가 괴로워하는 모습을 보며 자신의 목적이 달성되었음을 인지하고 회심의 미소를 짓는다. 이 장에서는 공주가 충격으로 괴로워하는 부분이 마임과 효과음으로 처리되며 극적 연출을 강조한다.

| 〈그 하늘 그 북소리〉 가화에서 호동의 편지를 받고 충격 받은 공주(국립극장 공연예술박물관 제공)

7장

한밤중 공주는 몰래 자명고 앞에 와 있다. 1장에서 왕과 왕비, 그리고 궁중 사람들로 가득찼던 풍요롭고 따뜻한 분위기와는 정반대의 을씨년

| 〈그 하늘 그 북소리〉 자명고를 앞에 두고 고뇌하는 낙랑 공주(국립극장 공연예술박물관 제공)

| 〈그 하늘 그 북소리〉 아버지 최리왕에게 죽임을 당하는 공주(국립극장 공연예술박물관 제공)

스러운 조명이 자명고를 비추고 있다. 이 장은 공주가 자명고를 찢고 사랑을 택하느냐 찢지 않고 부모와 나라를 택하느냐의 기로에 선 내적 갈등이 최고조에 달하는 장면이다. 따라서 뛰어난 극적 연기력이 가장 요구되는 부분이라 할 수 있다. 공주는 칼을 들고 자명고를 향해 가다 멈춘다. 마임과 동작이 섞여 가려다 멈추거나 돌다 멈추는 동작을 반복함

으로써 고뇌하는 공주의 표현하고 있다. 긴 고민 끝에 공주는 마침내 자명고를 찢고 호동의 고구려 군사는 낙랑국을 정복한다. 최리왕은 나라와 부모를 배신한 공주를 칼로 벤다. 나라는 정복했지만 사랑을 잃은 왕자는 죽은 공주를 부여잡고 통곡하며 끝이 난다.

〈그 하늘 그 북소리〉에서는 전통춤과 전통놀이를 거의 그대로 가져왔던 과거 작품에서 벗어나 창작춤의 어법을 개발하고 그것으로 작품을 채워나간 것을 확인할 수 있다. 회전 기교가 발달하여 뒤꿈치를 축으로 빠르게 회전하면서 여러 가지 팔동작을 선보였고, 연풍대가 개발되어 작품에 쓰였다. 또 대형 무대에 적응하기 위해 호흡과 사지를 밖으로 확장시키는 몸짓이 발달했으며 현대무용 어법을 받아들여 허리를 뒤로 젖혀 여성미를 강조하는 동작이 여러 번 쓰였다. 작품 전체의 춤 부분은 줄어들었지만 이러한 새로운 창작춤 어법을 확인할 수 있다. 반면 남녀의 2인무는 이전 사랑가를 모티프로 하는 구성에서 크게 벗어나지 않는다. 전통춤과 놀이가 빠지면서 춤이 다소 약화되어 마임이 많은 부분을 차지하게 되었다. 대형 무대장치를 설치하고 반짝이는 의상과 장신구를 착용했으며 음악 역시 대규모 오케스트라에 버금가는 퓨전 국악을 사용하여 대형 장막극을 이끌고 있다. 작품은 이전에 비해 오히려 송범의 초기 작품 같은 서정적인 분위기로 회귀했다.

특징적인 부분은 원작에서 추가된 인물인 가화이다. 가화는 호동, 낙랑, 필대장군과 함께 4각 관계를 이루는데 이 요소는 무용극의 내용을 다소 난해하게 만든다. 춤에서는 사람간의 관계 설명이 불가능하기 때문에 익숙한 이야기 사용, 대본, 의상, 태도 등으로 관객이 인물을 쉽게 이해하도록 하는데, 가화는 새로운 인물이기 때문이다. 단순한 역할을 했던 〈은하수〉의 바람신과 달리 가화는 이야기를 전환시키는 핵심 역할을 맡고 있다. 그런데 가화의 복잡한 심리를 무용극에서 묘사하기에 한계가 있다. 따라서 〈그 하늘 그 북소리〉는 〈도미부인〉, 〈은하수〉 보다 더 늦게 창작되었음에도 스토리텔링에 더 많은 부분을 할애하고 있다. 어쩌면 그런 점이 송범 본연의 창작 성향을 드러내는 것인지도 모른다. 고전발레 구조를 차용하면서 내용적으로는 낭만적 성향을 추구했던 송범의 안무 세계가 〈그 하늘 그 북소리〉에 그대로 녹아있으며 전통춤의 의존에서 탈피하여 창작춤으로 작품을 구성하려 한 노력을 엿볼 수 있다.

| 〈그 하늘 그 북소리〉 공주를 부여잡고 통곡하는 호동과 그들을 바라보는 가화
(국립극장 공연예술박물관 제공)

송범의 동영상과 공연 사진은 국립극장의 공연예술박물관에서 볼 수 있었다. 하지만 〈은하수〉의 모태가 되는 〈별의 전설〉과 〈그 하늘 그 북소리〉의 모태가 되는 〈왕자 호동〉은 동영상이 남아 있지 않아 비교할 수 없었던 점은 아쉬움으로 남는다.

제9장

송범 창작춤의 특징적 동작

송범 작품의 동작분석의 연구를 시작하면서 춤사위연구가 송범의 업적에 비해 미미함의 필요성을 느끼고 시작되었다. 하지만, 동작분석을 진행하며 그동안 어떠한 이유로 춤사위 분석이 미흡했는지 파악할 수 있다. 그 이유는 앞서 기술한 바와 같이 작품이 순수 춤사위라기보다 마임이 주도적으로 극을 이끌기 때문이다.

또한 춤이 등장하더라도 기존의 전통춤 부분을 제외하면 논할 부분이 더더욱 축소된다. 무용극의 춤사위 부분이 적었던 이유에 대해 몇 가지 추측을 해보면 다음과 같다.

첫 번째, 우리의 창작 춤사위는 당시 수백 년 동안 장식적 동작을 형성해 온 발레만큼 다양할 수 없다. 창작춤의 연혁은 최승희와 조택원부터 보더라도 고작 반세기도 지나기 전이다. 그것은 완전 창작이 아닌 전통의 현대화라는 틀 안에서 동작이 축적되기에는 부족한 시간이다. 두 번째, 장식성과 곡예적인 기교를 발달시켜온 발레와 달리 호흡으로 유도되는 한국춤의 기초 원리도 무대화를 목적으로 한 창작춤사위 개발을 힘들게 한 원인일 것이다. 한국춤은 진지한 예술로서 기능하기 위해 프로시니엄 무대에 적응해야 했으며 한국춤의 원리와 그로 인한 여백의 미는 대형 무대를 채우는 데는 오히려 극복해야 할 관습이 되었다.

이 장에서는 〈도미부인〉, 〈은하수〉, 〈그 하늘 그 북소리〉에 나타난 특징적 동작을 추출하였다. 이 동작들은 세 작품에서 반복적으로 쓰여 그의 안무 구성 요소를 확인할 수 있다.

1. 대무 동작. 송범의 작품에서 대무는 2인무에 쓰인다. 특히 등을 대고 돌며 추는 대무가 특징적이다. 거리가 떨어져서도 데칼코마니처럼 대칭을 이루는 대무를 춘다.

2. 앉았다 위로 뛰기. 앉았다 위로 번쩍 솟구친다. 팔은 좌우 중 한쪽으로 열린 자세이다. 이때 무릎은 펴져있어 공중에 서있는 듯한 자세이다.

3. 돌며 팔 회오리치기. 잔걸음으로 돌며 팔은 회오리처럼 도는 방향으로 같이 돌린다.

4. 팔 사선 동작. 여성 무용수의 동작 중 가장 빈번하다. 잔걸음으로 이동 시 팔은 사선으로 들고 시선은 관객을 향하거나 어떤 인물을 보며 가는 동작이다.

5. 들메돌기. 한손은 머리 뒤에서 앞으로 돌려오고 다른 손은 허리 뒤로 놓으며 한발 뛰기 한다. 몸을 돌리며 하는 동작으로 좌우를 번갈아가며 반복한다.

6. 반달 팔 동작. 한 손은 가슴 쪽으로, 한 손은 머리 위로 곡선을 그리며 동작한다.

7. 뛰었다 손목 누르기. 위로 뛰었다가 내려가며 어깨와 손목을 누른다. 양 손을 번갈아 가며 반복한다.

8. 정면 전진 동작. 다리를 벌리고 두 발을 동시에 앞으로 내딛으며 전진한다.

9. 허리 뒤로 젖히기. 허리를 한껏 뒤로 젖히는 동작이다. 여성 독무에 자주 쓰인다.

10. 사선 뿌리기. 무릎을 펴며 양 손을 사선 좌우로 뿌리는 동작을 반복한다.

| 도미부인 국수호·양성옥

제10장

송범 작품의 양식적 특징

송범의 안무 철학은 민족 무용이다. 국립무용단 단장으로 부임한 초기에 만들어진 〈영(靈)은 살아있다〉(1962), 〈검은 태양〉(1963), 〈명든산하〉(1965) 등을 보면 그는 우리 민족의 이야기를 프로시엄 무대에 정형화하여 실현시키려 한 것을 알 수 있다. 즉, 소재와 주제적인 면에서 접근하였다. 하지만 국립무용단이 한국무용 전문 단체로 분리된 1973년 이후에는 단독으로 단장을 맡으면서 소재·주제 뿐 아니라 우리의 전통 춤사위 혹은 전통 춤사위를 응용한 창작 춤사위로 안무를 구성한 고전발레 형식의 무용극에서 해법을 찾았다. 미국의 평론가 루이스 시갈이 〈도미부인〉을 보고 "한국의 전통적 표현 기법을 창조적으로 수용한 수작으로 서구적인 전개형식을 한국적 민속발레로 승화시킨 아시아의 위대한 고전무용극"[01]이라고 평했다.

송범 무용극의 형식적 특징은 첫째 스토리텔링(storytelling)이다. 송범

---

01 이송(2012), 「춤은 내 종교이자 내 인생이다」, 『충북inNEWS』.
http://www.cbinews.co.kr/news/articleView.html?idxno=94222

식 무용극은 극적 반전이 뚜렷한 줄거리를 전개하는 방식으로 작품을 구성한다. 스토리텔링 방식은 서구 낭만주의 발레와 고전주의 발레에서 썼던 일정한 이야기를 시간순으로 따라가는 안무 기법이다. 줄거리를 설명하는 부분에서는 마임을 하고 중간에 무용수의 기량을 전시할 수 있는 디베르티스망 부분을 넣어 볼거리를 제공하는 방식이다. 스토리텔링은 보통 널리 알려진 동화·설화·민화 등을 사용한다. 관객들도 익숙한 이야기를 사용하여 줄거리의 이해에 대한 장벽을 낮추고 춤의 감상에 집중할 수 있다. 송범의 무용극 〈도미부인〉, 〈은하수〉, 〈그 하늘 그 북소리〉 모두 한국인들이 잘 알고 있는 설화와 민화를 소재로 하였고 실제 작품의 안무 구성을 보면 이야기를 설명하는 마임 부분이 상당 부분을 차지하고 있다. 성기숙은 송범의 무용극과 고전발레의 관계를 다음과 같이 설명하고 있다.

송범의 미학적 성취는 한마디로 무용극으로 귀결된다. 송범 무용극의 미학적 완성은 서사성에 기반한 서양 고전발레의 견고한 형식을 원형적 가치로 수용한 결과의 산물이다. 명징한 소재와 극적 반전, 기승전결의 짜임새 있는 구조, 사실적 무대장치 등 서양 고전발레는 한국적 무용극의 무대적 창출에 귀중한 '교본'적 역할을 한다.[02]

두 번째 특징은 남녀의 2인무와 2인무 중심의 대규모 군무를 들 수 있다. 남녀의 2인무는 우리나라의 전통춤에서 발달하지 않았던 구조로 송범이 무용극에서 양식화한 특징이다. 송범은 2인무의 창작 배경을 다

---

02 성기숙(2011), 「송범의 춤인생, 황무지에서 일군 춤의 편력과 성취」, 『문화유산채널』. http://www.k-heritage.tv/brd/board/275/L/CATEGORY/325/menu/251?brdType=R&thisPage=1&bbIdx=2553&searchField=title&searchText=1896

음과 같이 설명한다.

> "우리 춤은 서양 춤과 달리 남녀 간의 사랑 표현을 잘 하지 않잖아요. 그래서 억지로 그런 형식으로 만들어 내려면 〈춘향전〉 속 '사랑가'라는 대목에서 만들 수밖에 없어서 튜엣을 그렇게 만들어보다가, 이후 무용극을 하게 되면서 여기에서 주인공 남녀의 사랑을 표현하지 않을 수 없어 나 나름대로의 튜엣 양식화(stylization)가 시도되었죠. 사실 무용극은 사랑이 없고, 죽음이 없으면 참 어려워요. 어떤 사건만 나열 할 수 없고요. 따라서 튜엣의 발전은 우리의 경우, 무용극의 발전과 관계가 있다고 할 수 있겠어요."[03]

송범은 남녀 2인무의 모티브를 〈춘향전〉 중 '사랑가'에 두었는데 이러한 2인무는 고전발레의 필수적 안무 형식이다. 고전 발레의 2인무는 그랑 파드되(Grand pas de deux)라고 하며 남녀 주인공이 사랑을 교감하는 장면 혹은 결혼식을 하는 장면에서 쓰인다. 장면의 상황만 주어질 뿐 실제 동작은 자신의 기교를 과시하는 디베르티스망 부분이다. 그랑 파드되는 엄격한 형식을 가지는데 처음에는 아다지오(adagio)로 시작하여, 남녀가 번갈아 나오는 솔로 바리에이션(solo variation)을 거쳐 코다(coda)로 피날레를 장식한다. 송범 무용극의 2인무는 그러한 세부 형식까지는 따르지 않지만 기존에 없던 남녀의 2인무가 작품의 중요 장치로 사용된다는 점에서 고전발레의 특징을 가진다. 〈도미부인〉에서는 1장 도미와

03 김태원 편(2002), 『나의 춤, 나의 길』, 현대미학사, 13~14쪽.

부인의 2인무, 3장 개루왕과 사당녀의 2인무, 5장 도미와 부인의 2인무가 있고, 〈은하수〉에서는 1장 천제와 천제비의 2인무, 4장 견우와 직녀의 2인무가 등장하며, 〈그 하늘 그 북소리〉에서는 2장 왕과 왕비의 2인무, 3장 공주와 호동왕자의 2인무가 나온다. 이 2인무들은 개루왕과 사당녀의 2인무를 제외하면 모두 사랑하는 연인 간의 듀엣 춤이다. 성기숙은 다음의 글에서 고전발레와 송범의 남녀 2인무의 관계를 설명하고 있다.

송범 무용극에서 남녀 2인무는 고전발레의 '파드 되'의 한국적 차용으로 읽힌다. 송범은 국립극장과 같은 대형무대를 채워야 하는 현실적 필요에 의해 무용극 형식을 지향하게 되었고, 자연히 솔로와 듀엣을 안무하게 되었다. 사실 무용극은 사랑, 죽음과 같은 강한 극성(劇性)을 띤 서사가 없다면 무미건조하게 전개될 우려가 있다. 듀엣의 미학적 양식화는 이렇듯 무용극의 구조와 관계가 깊다.[04]

남녀 2인무의 발달은 2인무를 중심으로 하는 대규모의 군무를 수반한다. 군무는 주인공 커플을 강조하는 원형 구도, 혹은 직선 구도를 이룬다. 개인의 개성을 제한하고 정확히 합일된 동작을 수행한다. 궁중정재 같은 우리의 전통춤에서도 합일된 군무는 볼 수 있지만 정재의 구도는 주역이 없는 수평적 구조로 이루어져 있다는 점에서 차이가 있다. 민속춤이나 놀이에서는 군무가 있더라도 합일된 동작을 추구하지 않고 각자의 개성을 자유롭게 표출하는 즉흥적 성격이 강하다. 이런 대규모 군무의 균형미는 고전발레의 특징에서 찾아진다.

---

04 성기숙(2011), 「송범의 춤인생, 황무지에서 일군 춤의 편력과 성취」, 『문화유산채널』. http://www.k-heritage.tv/brd/board/275/L/CATEGORY/325/menu/251?brdType=R&thisPage=1&bbIdx=2553&searchField=title&searchText=1896

국립무용단 연습장면

세 번째 특징은 낭만주의적 서정성이다. 〈도미부인〉, 〈은하수〉, 〈그 하늘 그 북소리〉는 모두 남녀의 사랑이 주제이다. 〈도미부인〉에서는 서민 남녀의 사랑에 왕과의 갈등을 이루고, 〈은하수〉는 옥황상제의 여식인 직녀와 서민 견우의 사랑, 〈그 하늘 그 북소리〉는 고려의 왕자와 낙랑국의 공주의 사랑이다. 즉, 〈도미부인〉은 서민의 사랑이야기에 왕족의 갈등이 끼어드는 구조이고 나머지 두 작품은 왕족의 사랑이야기이다. 이런 등장인물의 신분 배경은 고전발레의 특징이기도 하다. 고전발레는 낭만발레에서 다루었던 평민 간, 혹은 평민과 요정의 사랑 이야기가 귀족이나 왕족으로 바뀌고, 달빛이 비추는 숲속에서 궁전으로 배경이 바뀔 뿐 기본적인 사랑이야기라는 낭만적 감수성은 그대로 수용된다. 또 낭만발레에 있었던 마술적 요소도 고전발레에 이어진다. 송범의 무용극 역시 고전발레의 낭만주의적 서정성을 기본 정서로 하는 마술적

藝術院회원으로 추대된 무용가 宋范씨

"民俗춤과 예술적舞踊은 분리돼야"

| 송범 예술원 회원

요소를 포함하고 있다. 〈도미부인〉에서는 도미와 그의 부인이 죽어서 영혼이 만나 사랑의 길을 걸어간다. 〈은하수〉에서는 배경 자체가 천계이다. 선녀의 날개달린 옷과 까치 다리 또한 빠질 수 없는 마술적 요소이다. 〈그 하늘 그 북소리〉는 적군이 접근하면 스스로 울리는 자명고라는 북이 그러한 역할을 하고 있다. 이러한 것들은 모두 남녀의 사랑, 특히 여성의 남성에 대한 지고지순한 사랑이야기라는 낭만주의적 서정성을 가진다.

송범의 무용극은 이렇듯 고전발레의 양식을 차용하였고 감정 전달의 방식은 표현성을 접목시켰다. 작품에서 등장인물의 감정 표현 부분을 중요하게 다루었고, 춤과 마임이 혼합적으로 전개된다. 그는 자신의 경험을 한국 창작춤에 접목시켜 한국춤의 무용극이라는 성격을 만들었다. 송범 무용극의 또 다른 양식적 특징은 15분 내외의 짧은 소품으로만 안무되던 창작춤을 장막극으로 확장하면서 5장~6장으로 장면을 분할하였고 여러 가지 연출기법을 도입하여 총체적인 종합극으로서의 완성도를 더했다는 점이다. 이런 안무 구조는 국립무용단 레퍼토리 개발의 전형이 되었고 〈도미부인〉부터는 국내외로부터 예술성도 극찬을 받으며 애상과 신명이 절묘하게 결합한 송범의 대표적인 안무 세계가 되었다.

제11장

송범의 유산

송범은 그가 초기에 만난 조택원(1946~1947 입문: 워킹발레·한국춤『춘향조곡』의 2인무 등), 박용호(1946년 현대무용-〈해방〉), 장추화(1947~1950: 마리뷔그만 안무노트·이국풍의 인도춤-남방춤), 진수방(1950 스페인춤) 등의 영향을 받았다. 그리고 그의 본격적인 안무활동의 시작은 송범무용발표회와 주리(1950~1969 발레·스페인춤), 한순옥(1951~1974 최승희·한국춤)을 비롯해서 오랜 친분을 쌓은 김백봉(1956 한국무용가협회 결성: 최승희·한국춤-대열군무의 미적완성 추구)등 그의 주변을 둘러싼 인물의 관계와 배경에 기인하고 있다.

그는 다양한 춤을 배우고 전하면서 한국의 춤을 성장하고 발전시키는데 큰 역할을 한 인물이다. 뿐만 아니라 새로운 문화가 유입되는 시기에 드러나는 국민의 충의, 통합의 의미, 그리고 한국적 감성을 어떻게 무대화할 수 있는지를 보여준 인물이기도 하다. 스펙터클한 공간의 크고 전면배후 깊숙한 무대는 감정이입을 중심으로 종교적 카타르시스, 동정심, 도덕적 상상력을 내면화시키며 창작 무용극의 전형적 특성을 세웠다고 할 수 있다.

| 송범자택

내용 전개는 서사 구조로 창출되고 관객과의 낭만주의적 대화는 송범의 주도로 이루어졌다. 이는 그가 태어난 시기의 사회문화적 현상을 잘 담아낸 것으로 보인다. 또한 작품에서 최대한 감정을 부각시켜 극장 안 공간에서 춤꾼들의 움직임으로 몸을 의미화한다. 그의 손짓은 몸의 끝자락에서 유연함의 미를 지니며 길고 휘어질 듯한 몸체와 함께 아름다움을 이루는 것이 특징이다. 이로써 그의 표현 형식은 관객에게 감정이입되어 확대되고 재생산되었다. 이로써 관객과 춤꾼이 하나가 되어 상상을 구체화하였다. 뿐만 아니라 송범은 듀엣에서 보여주는 '남녀의 서로 조화된 통일체' 그리고 '무대의 좌우대칭의 정형성과 조화'와 '감정을 관객에게 전달'하여 큰 공감을 불러일으켰다.

송범이 이끈 30여 년간의 국립무용단에서 배출한 수많은 무용가들 국수호를 비롯하여 정재만, 홍금산, 양성옥, 손병우, 박숙자, 김향금, 윤성주 등 이들은 그가 세운 한국 춤계를 이끌어가는 주춧돌 위에 굳건히 서 있는 기둥 역할을 해내고 있다.

| 도미부인(1986)

| 도미부인(1986)

송범 범무회(회장 박숙자)는 2002년 '송범, 춤60년 회고전' (부제: 나의 인생 전부는 춤)을 열었고, 2010년 정동극장은 개관 15주년을 맞이하여 '송범 추모의 밤'이란 주제로 공연을 펼쳤다. 송범 선생의 예술과 삶을 조명하는 특별공연 〈별의 전설 아! 송범〉이 2012년 4월 5일 청주예술의 전당 대공연장에서 펼쳐지기도 했는데, 청주시립무용단(예술감독 겸 상임안무 김평호)이 주최하는 공연의 1부는 국수호, 정재만, 손병우, 양승미, 윤성주, 최영숙, 김승일 등 중견 무용인들이 꾸몄는데 이들 모두 송범의 제자였다.

| 은하수(2012, 손병우·윤성주) – 청주시립무용단 제공(한용훈)

| 강강술래(2012)– 청주시립무용단 제공(한용훈)

| 사랑가(2012, 강승일 양승미)-청주시립무용단 제공(한용훈)

| 참회(2016, 손병우 외 10명)

| 황혼(2012, 최영숙)- 청주시립무용단 제공(한용훈)

| 가사호접(2012, 국수호)– 청주시립무용단 제공(한용훈)

| 사념(2012, 정재만)-청주시립무용단 제공(한용훈)

송범사진전

또한 그가 30여 년 몸담았던 국립무용단에서는 창단 50돌을 기념해 2012년 11월 16일 서울 장충동 국립극장 해오름극장 2층 로비에서 초대 단장인 고 송범의 흉상을 제막하였다. 2014년 10월 1~2일 〈송범춤 회고전-7주기 추모공연〉이 국립극장 달오름극장에서 국립무용단 출신 제자 무용가들의 송범춤 재현무대를 가졌고, 이어 10월 23일에는 〈한국무대무용의 선구자 송범〉(서연호 집필)의 출판기념회가 역시 국립극장 송범 선생님 흉상 앞에서 가졌으며 2017년 범무회는 '송범 10주기 추모공연' 등을 열었다.

송범춤사업회(회장 박서연)는 2011년 조직되어 '제1회 송범춤 정신적유산', 2012년 제2회 송범의 예술세계와 무용사적의의, 2014년 제3회 송범춤여정에 나타난 예술적성향과 무용사적 의의로 학술세미나를 가졌다. 그 외에도 2012년부터 2014년까지 송범춤강습회를 개최하였다. 이를 비롯하여 제1회 송범사진전(2011), 제2회 송범 바람의 입맞춤(2013), 제3회 송범 그후(2014), 제4회 송범춤 그후 바람의길(2015), 명작명무를 잇다(2016), 송범춤 그후-139인(2017)로 송범의 업적을 조명하고 홍보하는데 적극 나서며 의미 있는 활동을 이어 가고 있다.

| 송범학술세미나 제1회, 제2회-청주

2015년 10월 24일에는 제10회 국제공예비엔날레 특설무대에 '송범 춤! 그 후 〈바람의 길!〉'이 올랐다. 이 공연은 프롤로그를 시작으로 〈춤추는 바람〉, 〈회색도시 사람들〉, 〈바람 속에 꽃이 피다〉 세 편으로 구성되었다. 〈춤추는 바람〉에는 송범의 안무작 〈황혼〉이 담겨있다. '송범 춤! 그 후 〈바람의 길!〉'은 피카레스크(picaresque)식 구성으로 서로 다른 이야기들이 동일한 주제 아래 통일되어 엮어져 있다. 송범이 등장하여 여러 가지의 이야기를 전개해 나가고 〈춤추는 바람〉에서는 '송범(허진수)'이 인물로 등장한다. 그리고 송범 안무의 〈황혼〉(최영숙)이 무대에 오른다. 황혼은 산조 음악에 맞추어 인생의 무상함을 저녁에 지는 노을을 황혼에 비유하여 안무한 것으로 아주 나긋나긋하게 추는 춤이다. 길게 뻗어 휘어질 듯한 상체, 살짝쿵 움직이는 손끝의 송범춤의 특징이 드러난다.[01]

송범의 〈황혼〉(박지영)은 현대무용으로 재해석되어 새롭게 태어났다. 노년에 이른 예술가의 심경과 담대했던 지난날의 모습이 깊은 호흡을 따라 섬세하고도 힘 있게 그려졌다. 무용가 최승희의 작품에 음악을 맡았던 박성옥(1908~1983)의 철가야금 반주 음악과 어우러졌다.

송범은 "사실 무용극은 사랑이 없고 죽음이 없으면 만들기 어렵다. (……) 강한 극성을 나타내는 춤이 듀엣이다. 무용극을 통해 나의 듀엣이 이루어졌고 발전했다. 한국 문화에 대한 인상을 주기 위해 듀엣이 발전했다."[02]고 한다.

---

01 이찬주, 「바람의 길!」, 《충청일보》, 2015. 12. 2.

02 김태원 편(2002), 「나는 그저 내 춤의 길을 갈 뿐이다」, 『나의 춤, 나의 길』, 현대미학사, 14쪽.

| 송범 춤! 그 후 〈바람의 길!〉(2015)

1974년 '사랑과 죽음의 대서사시' 「왕자호동」은 낙랑공주와 호동왕자의 절절한 사랑이 배어나는 송범의 무용극으로 초연되었다. 송범은 〈왕자호동〉을 발전시켜 1990년 〈그 하늘 그 북소리〉에 '가화'라는 가상 인물을 등장시켰고 하이라이트로 북을 찢는 장면을 첨가했다.

최정임

김지영

별의전설 국수호

이선태

낙랑공주(上), 사슴(下) 국립발레단 제공

| 별의 전설 사슴(上), 왕자호동 사슴(下) 국립발레단 제공

| 김지영

| 국립발레단 제공

| 국립발레단 제공(박세은)

국립발레단의 〈왕자호동〉은 유니버설발레단의 〈심청〉과 쌍벽을 이룬다. 2009년 국립발레단의 〈왕자호동〉[03]이 국립극장 무대에 올랐다. 초연이후 대한민국을 넘어선 세계를 향한 발레로 이작품은 국립발레단 최고의 레퍼토리로 자주 무대에 오른다.

송범의 무용극 〈왕자호동〉은 그의 제자 국수호에 의해 국립발레단 〈왕자호동〉에서 좀 더 구체화되었다. 국수호는 2009년 국립발레단 〈왕자호동〉[04] 대본과 연출로 스펙터클한 무용극 형식의 맥(脈)을 한국의 발레에 전해 주었다. 그는 고구려와 낙랑 관련 사료를 수집해 그 시대를 더 잘 복원하고 춤의 상징적인 표현도 더욱 섬세해졌으며 지속적으로 실험화시켜 탄탄하게 만들어 냈다.

이처럼 송범의 창작 무용극에 뿌리를 둔 제자들이 그 맥(脈)을 잇는 작품이 지속적으로 공연되고 만들어지고 있는 만큼 있는 만큼 그가 보여주었던 시대를 앞선 창작 열기와 한국 문화에 대한 이해는 지금도 여전히 한국 무용계에 영향력을 미치고 있음을 알 수 있게 해준다.

서양의 프로시니엄 무대에서 한국적 정서를 가진 무용극을 공연함으로써 춤이라는 장르가 근대 대중사회의 문화로 자리 잡는 데 그의 역할이 지대함을 간과할 수 없다. 국립무용단에서 30년간 단장으로서 활동한 송범은 한국 춤계에 커다란 획을 그으며 주옥 같은 명작을 남겼다. 그가 세운 기틀은 춤예술의 위상을 높이고자 끊임없이 노력해 온 결과이다.

---

03 국립발레단 최태지 예술감독, 대본 및 연출 국수호, 안무 문병남, 조안무 차진엽, 무대 디자인 신선희, 음악 조석연, 의상 디자인 제롬 카플랑 김지영, 김주원, 박세은 낙랑공주.

04 충청지역에서 국수호의 제자 전)청주시립무용단 김평호예술감독에 의해 무용극의 전형이 전해지고 있다. 그의 작품으로는 〈미롱〉, 〈황후의길〉, 〈로미오와줄리엣〉이 있으며 2015년 국립발레단 〈왕자호동〉의 제1,2부 북춤도 국수호의 영향하에서 김평호가 국립발레단 단원들을 지도한 바 있다.

* 송범 연보

1926년　1월 30일 충북 청주시 영운동 출생(음력1925년 12월17일)

1945년　양정중학 졸업

1946년　조택원 연구소 입문

1947년　장추화 제1회 발표회

　　　　첫 작품 〈습작〉

1951년　〈불의 희생〉 부산극장 초연

1955년　코리아발레단 조직

1956년　한국무용가협회 결성– 송범 · 임성남 · 김백봉

　　　　〈비련〉 3인 공동안무 시공관

1961년　한국무용협회 이사장

1962년　국립무용단 창단 부단장 취임

1962년　〈영(靈)은 살아 있다〉

1963년　〈검은 태양〉

1965년　〈명든 산화〉

1966년　〈심산유곡〉

1967년　〈종송(種誦)〉

1968년　멕시코올림픽한국민속예술단 참가, 서울시 문화상 수상

1972년　중앙대학교 예술대학 교수, 대통령상 표창

1973년　국립발레단과 국립무용단 분리후, 국립무용단 단장 취임

1973년　〈별의 전설〉을 초연

1974년 〈왕자 호동〉 최리왕역 출연

1974년 〈사의승무〉 초연

1976년 10월 4일 〈사의 승무〉로 50세까지 춤꾼으로 활동함

1979년 대한민국무용제 운영위원

〈꿈, 꿈, 꿈〉

1980년 〈푸른 천지(일명 허생전)〉

1982년 무용공로상수상

〈썰물〉

1983년 대한민국예술원 회원

1984년 대한민국예술원상 수상

〈도미부인〉

1986년 〈은하수〉

1990년 〈그 하늘 그 북소리〉

1992년 국립무용단 퇴임, 중앙대학교 무용학과 예술대학 명예교수

1996년 11월 26일 〈오셀로〉 국수호 안무, 데스모네나부친 역 특별출연

1996년 캐나다 이주

2007년 6월 15일 캐나다에서 80세 타계

2008년 금관 문화훈장 수상

* 참고문헌

* 논저

김천흥(1979), 『무용, 서울 육백년사』 제3집, 서울특별시.

김채현(1993), 「근대 한국춤의 역사적 성격 연구 2」, 『한국미래춤학회연구논문집』 제2권.

김채현·김경애·이종호(2005), 『우리 무용 100년』, 현암사.

김태원 편(2002), 『나의 춤, 나의 길: 송범 춤예술 60년』, 현대미학사.

안제승(1980), 「신무용사 국립극장 30년」, 국립극장.

조동화(1975), 『한국현대문학사 대계』, 고려대학교민족문화연구소.

정병호(1990), 「송범의 춤세계와 그무용사적 비중」, 『춤』.

강이문(1976), 「한국신무용고」, 『무용』, 제3집, 한국문화예술진흥원.

송범(2004), 『제1차 구술채록문』, 국립예술자료원.

송범(2004), 『제2차 구술채록문』, 국립예술자료원.

서연호(2014), 『송범』, 월인.

신주희 편저(1992). 『송범, 그 인생과 예술』, 교양사.

구자운(1980), 『무용한국』, 추동호.

윤성주(1991), 「현대한국무용극의 특성에 관한 연구」, 이화여대 석사논문.

김현숙(1996), 「신무용가,〈조택원〉,〈송범〉의 예술적 경향인식과 영향에 관한 연구」, 세종대 석사논문.

김효은(1999), 「농악무에 관한 연구: 무용극 도미부인에 나타난 송범농악무를 중심으로」, 숙명여대 석사학위논문.

박선욱(2009), 「한국근대춤사에 있어서 송범의 예술사적 업적: 구술채록을 중심으로」, 『한국무용연구』 한국무용연구학회.

김태원(2011), 송범 춤 정신적 유산 송범춤사업회, 제1회 학술세미나.

김영화(2008), 개화기 신문텍스트의 활용어미 및 문장구조연구.

이수경(2012), 「송범 무용극에 내재된 한국전통무용의 창조적 수용에 관한 연구」, 숙명여자 대학교 석사학위논문.

이 송(2012), 「송범의 예술세계와 무용사적 의의」, 송범춤사업회. 제2회 학술세미나.

이병옥(2014), 「송범 춤 여정에 나타난 예술적 성향과 무용사적 의의」, 송범춤사업회, 제3회 학술세미나.

이찬주(2007), 『춤예술과 미학』, 금광출판.

이찬주(2012), 『춤교육과 포스트모더니즘』, 한양대출판부.

이찬주(2015), 「송범의 예술활동과 그 가치에 관한 연구」, 2015 충북의 역사문화인물 재조명 학술회의, 충북학연구소.

이찬주(2016), 「송범의 작품연구에 대한 재고」, 무용역사기록학 제40호.

장동환(2003), 「송범 신무용의 시대적 특성 연구」, 중앙대학교 석사학위논문.

이찬주(2016), 「근대신문속 무용광고」, 『몸』 5월호.

이찬주(2016 · 개정판), 『한국민족문화대백과』, 「무용사전」, 이병삼(李丙三)편.

이찬주 · 한순옥 면담 2014년 4월1일.

이찬주 · 주리 면담 2017년 3월 29일.

이찬주 「바람의 길!」, 《충청일보》, 2015년 12월 2일.

한민족대백과사전 무속신앙 지전편.

청주시립무용단(2012), 「아! 송범 별의 전설」, 팸플렛.

제29회 정기공연(1982), '송범무용전' 「송범 예술과 생애」, 프로그램.

국립무용단 송범공연 팸플렛 1962~1995년.

송범춤사업회 팸플렛 2011~2017.

* 정기간행물

- 경향신문 1947. 11. 23.
- 경향신문 1952. 6. 8.
- 경향신문 1953. 11. 11.
- 동아일보 1955. 9. 20.
- 동아일보 1956. 5. 2.
- 경향신문 1956. 11. 6.
- 경향신문 1957. 10. 23
- 경향신문 1957. 12. 23.
- 경향신문 1958. 12. 28.
- 연합신문 1958. 10. 20.
- 동아일보 1959. 9.6.
- 연합신문 1958. 11. 14.
- 동아일보 1959. 9. 18.
- 동아일보 1959.10. 20.
- 경향신문 1962. 4. 9.
- 경향신문 1962. 9. 8.
- 동아일보 1962. 9. 20.
- 경향신문 1970. 8. 25.
- 경향신문 1973. 10. 17.
- 중앙일보 1973. 11. 29.
- 동아일보 1974. 9.28.
- 동아일보 1972. 9. 13.
- 동아일보 1974. 11. 23.
- 일간스포츠 1974. 12. 6.
- 동아일보 1976.10. 4.
- 일간스포츠 1978. 3. 20.
- 경향신문 1978.3. 17.
- 한국일보 1979. 5. 23.
- 동아일보 1983. 3. 2.
- 조선일보 1947. 10. 18./1955. 9. 21./1956. 4. 28./1947. 10. 18./1955. 9. 21./ 1956. 4. 28./1956. 5. 11./1957. 10. 29./1958. 10. 31./1958. 12. 16./1963. 3. 17./ 1985. 10. 30./2007. 6. 16./1992. 11. 19.
- 동아일보 1922. 4. 23.
- 동아일보 1923. 6. 1.
- 동아일보 1934. 1. 23.
- 동아일보 1930. 11. 14.
- 경향신문 1956. 4. 7.
- 동아일보 1954. 11. 28.
- 경향신문 1953. 9. 27.
- 동아일보 1931. 4. 25.
- 동아일보 1949. 11. 28.
- 동아일보 1937. 9. 5.
- 동아일보 1931. 4. 28.
- 동아일보 1931. 1. 7.
- 경향신문 1947. 8. 8.

* 인터넷 자료

- [네이버 지식백과] 옥황상제 [玉皇上帝] (한국민속신앙사전: 무속신앙 편, 2010. 11. 11. 국립민속박물관)
- 한국전통연희사전.
  http://terms.naver.com/entry.nhn?docId=3326122&cid=56785&categoryId=56785
- 권혜경, 국립국악원 공식블로그.
  http://gugak1951.blog.me/220731524563
- 이송(2012), 「춤은 내 종교이자 내 인생이다」, 『충북inNEWS』
  http://www.cbinews.co.kr/news/articleView.html?idxno=94222
- 성기숙(2011), 「송범의 춤인생, 황무지에서 일군 춤의 편력과 성취」, 『문화유산채널』
  http://www.k-heritage.tv/brd/board/275/L/CATEGORY/325/menu/251?brdType=R&thisPage=1&bbIdx=2553&searchField=title&searchText=1896
- 핫피플 2017. 10. 24

* 사진자료

- 주리
- 한순옥(임춘섭 콘텐츠제공)
- 법무회
- 유학자(이찬주춤자료관 콘텐츠 제공)
- 이찬주춤자료관
- 청주시립무용단
- 국립발레단
- 국립극장 공연예술박물관
- 한용훈, 이도희

❙부록❙

송범 춤예술의 정신적 유산

김태원 (춤비평. 『공연과 리뷰』 편집인)[01]

1. 한국무용의 극장예술화와 직업무용의 전통세우기

해방 이후에서부터 우리 예술춤의 새로운 판도가 형성되는 1980년대 후반까지 우리 현대춤[02]이 직면하고 어떤 방식으로든 풀어 가야 할 문제들이 여럿 있었다. 그중 가장 큰 것 세 가지만 들어보면 다음과 같다.

첫째, 해방공간과 6·25 동란 사이 실제적으로 당시의 춤계를 이끌던 적지 않은 주요한 춤예술인들이 자진 월북 또는 실종되어 춤예술의 맥이 끊어질 수 있었던 위기를 당시의 춤계는 어떤 방식으로 이어, 지속시킬 수 있었을 것인가.

---

01 위의 글은 제1회 학술세미나 송범춤사업회 에서 발제된 글이다. 필자는 범무회 '송범 춤예술 60주년'을 기념하는 책: 『나의 춤, 나의 길』(현대미학사,2002) 를 펴냈다.

02 여기서 말한 '현대춤'이란 서구식 현대무용(모던댄스)만을 지칭하지 않는다. 모더니즘 혹은 현대주의적 의식을 수용한 여러 방식의 춤창작 활동을 포괄적으로 일컫는다.

둘째, 특히 1960년 이후 군사정권이 들어서면서 여러 사회·문화의 분야에서 현대화 추구와 동시에 자주적인 문화국가로서의 정체성 확립에 대한 바람이 제기되고 있었을 때 우리의 춤은 어떤 방식으로 그것에 반응하여야 했을까.

셋째, 춤이 순수예술로서 독립성과 자율성을 가진다고 한다면 어떤 방식으로 춤의 전문화 내지 직업화를 달성할 수 있을까.

즉 춤예술의 맥잇기, 현대적 시각에서 문화적 정체성 띠기, 춤의 전문성 내지 직업성의 확보 그 세 가지 것이라 하겠는데, 공교롭게도 그 세 문제들의 교차점에 송범(본명, 송철교, 1926~2007)과 그가 30년간 몸담았던 국립무용단이 있음을 알게 된다. 따라서 송범의 존재성을 파악하는 일은 한국 현대춤사의 근맥을 짚어내는 일 중 가장 큰일의 하나라 할 수 있다.

우선 첫 번째 사항과 연관하여 생각해보면, 해방 이후 6·25 동란 사이 좌우 이데올로기와 갈등이 일반 사회계층에서 뿐만 아니라 예술계층에서도 심각하게 번져 당시 춤계를 예술적 측면에서, 또 교육·비평적 측면에서 실제적으로 리드하던 이들이 자진 월북, 혹은 혼란 속에 실종되는 상황이 발생하게 된다. 즉 조택원과 함께 실질적인 신무용의 개척자이며 지도자이기도 한 최승희를 비롯 그녀를 따르던 장추화, 발레계에서 한동인, 교육·비평계에서 함귀봉과 문철민, 기타 현역들이었던 정지수·최가야 등 실질적인 당시 춤예술계의 지도세력이 대거 월북 혹은 실종된 상황이 그것이다.

이 중 최승희가 월북케 된 1946년 직후 적어도 5년간은 우리 춤계가 거의 '진공상태'나 마찬가지였다. 특히 최승희의 애제자인 현대무용가 장추화의 (1950년 7월[03], 스승의 뒤를 따른 월북은 당시 그녀가 운영하던 춤 스튜디오에

---

03 필자와 송범의 대담(2002. 6. 30)참조.

송범 · 이인범 · 김진걸 등 많은 수의 청년 무용인들이 모여들어 있었기 때문에, 그 충격은 상당한 정도여서 스승이 떠나간 후 어린 제자들만 길거리로 내몰린 격이 되었다. 다행히 몇몇 청년들이 모여 임기응변적으로 한국무용단(단장 · 조동화)을 결성, 전쟁 중에서도 대구 · 부산 등지에서 춤공연을 할 수 있었지만, 문제는 그런 와중에서 과연 누가 춤계의 '중심인물'이 될 수 있겠는가 하는 것이었다.

이럴 때 송범은 다른 어느 누구보다도 유리한 고지를 점하게 되었다. 즉 그는 최승희를 따른 장추화의 애제자이자 그 스튜디오의 교육조교였고, 또 그는 해방 후 비록 친일파로 의심받긴 했지만 최승희와 더불어 한국 현대 춤의 개척자였던 조택원의 문하생이기도 했기 때문이다. 또 비단 그런 것이 아니더라도 그는 1947년 데뷔작 〈습작〉을 위시, 〈출진〉(1949), 〈참회〉(1950), 〈양자강〉(1951), 〈불의 희생〉(1951), 〈사사(使祀)의 춤〉(1952)을 통해 맹렬하게 무용계의 중심으로 돌진하고 있던 뜨거운 '에너지 덩어리'이기도 했다. 사실 사회적으로나 경제적으로도 그 어려웠던 시기에 한두 편의 공연도 아니고, 연이어 지역, 전선(戰線)을 가리지 않고 수많은 작품을 발표할 수 있었던 것(1948년부터 동란이 끝나게 되는 1953년까지 송범은 무려 30편의 안무작을 발표케 된다)은 놀란 만한 일이라 할 수 있다, 따라서 그는 누구보다 실질적인 춤현장적 추진력이 있었다 할 수 있는데, 그 추진력은 앞서 언급된 그의 예술적 맥 - 최승희 · 조택원으로 이어지는 - 과 합류, 혼란기의 '행동하는 새로운 춤의 얼굴'로 그를 부상시키게 된다.

그런 송범의 활동은 비록 그 혼란기뿐만 아니라 명목적으로나 국립무용단의 조직이 있게 되는 1962년까지도 줄곧 이어져, 한두 해 빼고 거의 매해 5편 이상의 신작을 발표하는 의욕을 보여 주었다. 따라서 송범의 위상은 의심할 바 없이 동란 이후 새롭게 짜여지는 한국 현대춤계의 실체로 부각되게 되는데, 여기에는 그 특유의 인간적 개성 - 유난히 그 쩌렁쩌렁한 목소리, 칼같은 시간감각, 절

제력, 그리고 흰 얼굴의 귀티나는 용모 등 도 한몫을 하게 된다. 더불어 이인범 · 김진걸 · 정막 · 조광 · 주리 · 김문숙 · 강선영 등의 끈끈한 우정을 바탕으로 한 춤동료애와 조동화 · 김경옥, 그리고 그 이후 김상화 등의 춤평단의 지원도 그를 새로운 현대춤의 지도자로 안착시키게 했다.

그의 데뷔작 〈습작〉에서부터 국립무용단이란 이름으로 주로 작품을 발표케 되는 60년대 중반까지 송범의 춤은 그의 스승 조택원이나 최승희의 초반부 예술처럼 현대무용 내지 현대발레적 성격의 춤이었다. 당시의 급변하는 사회적 정황과 불안감은 강한 주제성을 동시에 필요로 했기 때문에 거기에 걸맞는 '표현성'이 춤으로 표출될 수밖에 없었다. 조택원 스튜디오에서 배운 기본적 워킹발레, 장추화 스튜디오에서 배운 라반- 뷔그만적 신체 표현법과 이국풍의 남방춤, 임성남의 60년대의 활동으로 본격적으로 전파되기 시작한 발레의 재습득으로 그의 춤은 '강한 표현적 주제성'과 '이국적 낭만풍'이 함께 혼성되었다. 이 기간 동안 〈전선〉, 〈자유〉, 〈벽〉, 〈현대인〉, 〈패배자〉와 같은 제명의 작품이 나오는가 하면, 〈자연을 호소함〉, 〈파랑새〉, 〈아다지오의 밤〉, 〈인도의 연가〉, 〈라일락 피는 밤〉과 같은 낭만적이고 서정적인 제명도 등장됨을 보게 된다. 말하자면 한쪽에선 모더니즘적 감성에 젖은 긴장감과 불안감이, 그리고 다른 쪽에선 그 반대의 낭만성이 심하게 혼재되어 있음을 알게 된다. 그런 사이 그는 영감이 떠오르는 대로 한눈 팔지 않는 쉴 새 없는 다작(多作)으로 그 시기를 견뎌 나가면서, 최승희, 조택원 예맥(脈瀛)을 '거의 혼자서'이어 갔다 할 수 있다.

다음 두 번째 문제와 관련하여 송범의 춤예술은 이른바 '한국무용'으로 크게 방향전환을 일으키면서 그 상황을 적극 긍정적으로 수용케 된다. 그 계기는 1968년 '멕시코 올림픽 문화예술축전'에 참여하게 되면서 촉발되었는데, 그것은 우리의 춤예술의 우리 문화의 전통성과 대표성을 어떤 방식으로 가질 수 있겠느냐 하는 데로 모아졌다. 사실 그때는 국립무용단이 조직은 되어 있어도 어떤 구체적인 미학적 방향이 없이 서울을 중심으로 활동하던 몇 개의 춤그룹간의 연대와 결합에 의해 그때그때 극장으로부터 지원을 받아 활동하던 방식을 택했다.[04] 따라서 어떤 대표성을 가질 수 없는 처지였고, 더군다나 한국의 문화적 이미지를 종합적으로 반영시킬 수 없었었다. 그런 상황 속에서 그 같은 행사의 펼침이나 참여에 있어서는 무용가 개인의 개성이나 특별한 춤의 전수 방식이 중요했던 것이 아니라. 한 나라의 문화적 전통성을 반영시킬 수 있는 어떤 전형화된 미(美)의 창출[形式]이 더 문제시되었다. 정부도 그것을 알아서인지 국립무용단 대신 특별히 차출된 정예 춤집단을 구성해 송범·김백봉·전황 세 사람에게 맡기면서 요즈음 표현대로 새로운 문화상품(브랜드)을 만들길 촉구했다.

이때 자연스럽게 한국적 소재의 춤과 민속의 재구성으로 결론이 나면서 공연은 한국적 색채감을 강하게 띠게 되었다. 전황은 민속이나 농악류의 춤에, 김백봉은 한국적 소재의 감각적 재구성에 뛰어났기 때문에 송범은 현대무용을 통해 익힌 안무력으로 새로운 소재를 습득하면서 소화시킬 수밖에 없었다. 다행히 멕시코에 참가한 그 공연이 한국일보 등에 대서특필되면서 긍정적으로 평가받게 되고, 이것은 향후 국립무용단의 활동방향을 결정짓는 주요 요인이 된다. 말하자면 현대적 의미에 있어 한국무용의 문화적 유용성이 관심을 끌면서, 제도적으로 지원받기 시작하게 된 계기가 마련된 것이다. 그리고 더불어 외국무용인 발레와 한국무용의 구분의 필요성이 증대되어, 드디어 1972

04 상기 대담속에서, 송범은 1952년 국립무용단의 첫 조직 이후 임성남 등과 함께 무용단을 이끌 당시의 국립무용단의 임의적이고 느슨한 조직 체계와 '68년 멕시코올림픽' 이후의 조직체계의 차이점에 경계를 두고 말하고 있다.

년 국립발레단/ 국립무용단의 분화(分化)가 꾀해지게 된다.

그런 1972년 이후, 국립무용단의 초대 무용단장이 된 송범의 활동은 그 이전 현대무용 내지 현대발레에 심취했던 것을 벗고, 이른바 '한국무용 만들기'에 전념케 된다. 〈화관무〉(1968), 〈선녀춤〉(1968) 등 동료 김백봉의 춤 경향을 어느 정도 참조했음직한 소품(小品) 만들기의 과정을 거쳐, 〈승무〉(1971), 〈관등놀이〉(1971), 〈강강술래〉(1972) 등 우리의 민속무로부터 그는 소재를 얻어오다가, 점점 더 깊은 주제를 건드리기 시작하면서 송범은 1973년 〈별의 전설〉과 같은 무용극을 만들기 시작했다.

명동 예술극장에서 1973년 새롭게 이전한 장충동 국립극장은 무대가 넓고 깊기 때문에 웬만해선 관립무용단다운 스케일을 확보할 수 없었다. 따라서 '무용극'이 갖고 있는 춤의 종합성은 필요 불가분하다 하겠는데, 여기서 송범은 극장무용으로서 서구 특히 러시아 고전발레가 가졌던 스케일과 이야기성을 참조할 수밖에 없었고(대표적으로 〈백조의 호수〉), 그와 동시에 한국무용이 가질 수 있는 스타일화되고 정제된 미(美)의 활용가능성에 눈을 떴다. 특히 후자와 연관하여 송범은 뛰어난 구성의 낭만적인 한국춤 군무(혹은 장면)를 만들어 냈는데, 그것이 그의 대표작 중 하나인 〈도미부인〉(1984)에 삽입되기도 했던 〈강강술래〉다. 휘영청 밝고 처연한 인상을 주는 달빛 아래 흰 치마저고리 의상을 입은 국립무용단들의 군무진들이 반복되고 흥겨운 노래음률에 몸을 내맡긴 듯하면서 긴 열무(列舞)를 지어 두 줄, 혹은 원형으로 질서정연하게 휘감겨 가고 죄어 가는 이 춤은 단순한 민속의 재구성의 차원을 넘어 가장 자연스러우면서 무한한 변화가 그 속에 있는 우리의 대표적인 무대 춤의 하나라 할 말하다. 그러한 우아하고 유연한 흐름이 또 있는 부분은 〈도미부인〉의 마지막 도미와 도미부인의 혼백이 만나는 장면과 무용극 〈은하수〉(1986)의 첫장면 천상계(天上界)의 선녀들의 춤에도 나타난다. 이 춤(장면)들은 고전발레와 흡사하게 '백색의 판타지' -〈강강술래〉의 의상이나 〈도미부인〉의 끝장면의 상복 모두 백색(白色)이다 - 를 주고 있는데, 송범은 알게 모르게 우리춤에 내재되어 있는 '눈부시도록 처연한' 아름다움에 크게 공감했는지 모른다.

그런 한편 송범 자신은 국립무용단에서 했던 보람찬 일을 한국무용을 통해 '듀엣'을 구성해 보려한 것과 우리의 소재를 발견, 사랑(〈별의 전설〉), 별리 (〈도미부인〉), 비련(〈그 하늘 그 목소리〉)의 소재들을 모두 작곡가 박범훈의 국악과 더불어 무용극으로 표현해 본 일관성에 두고 있다. 이중 특히 '듀엣' 양식의 창출은 무용극 양식과 불가분의 관계에 있는 것으로 그는 보았다. 왜냐하면 우리의 춤은 남녀간의 사랑을 밑바탕으로 하는 것이 아니기 때문에, 서구의 춤처럼 듀엣 형식을 만들어 보기는 여간해서는 어렵기 때문이었다. 여하튼 그런 듀엣 양식의 시도는 〈춘향전〉 속 〈사랑가〉 장면을 비롯, 남녀(혹은 부부)간의 애정 묘사나 심리적 갈등이 내재된 송범의 여러 춤에 나타나게 되었다.

한편 송범의 후기 대표적 세 무용극은 국립극장의 특성상, 또 우리 소재의 개발을 위해, 그리고 관객과의 교감을 위해 필요 불가분의 선택이긴 하지만, 엄격하게 무용극이 가질 수 있는 극적 가치관의 입장에서 보면 오늘의 시간에선 모두 성공한 것은 아니라 할 수 있다. 작품 〈도마부인〉은 국내외적으로 많은 호평을 받았지만,우리의 설화를 재각색(차범석 대본)하는 과정에서, 도미의 아내를 둘러싸고 그녀를 탐하는 왕과 도미와의 갈등이 충분히 묘사되지 않고 있다. 오히려 아내를 빼앗긴 도미의 마음을 빌어 한국인들 삶의 생사관과 어떤 원형적 심성을 묘사해 낸, 즉 극적 줄거리 '주변부의 장면들'(사당패춤, 강강술래, 씻김굿을 빈 망자 저승보내기 장면 등)이 더 빛을 말한다. 〈별의 전설〉 또한 초반부 아름다운 춤의 전개에도 불구하고 그것과 병행할 수 있는 극적 스릴감이 끝까지 연결되고 있지 않고 있으며, 가장 드라마틱한 낙랑공주 이야기를 빈 〈그 하늘 그 북소리〉(1990)도 후반부 북 찢는 장면에서 상징적이고 강한 표현성을 획득하였지만, 그 전까지는 너무 어두운 단일한 톤 아래 설명적이었다 할 수 있다. 그러나 우리로서 그러한 판단을 내리기에 앞서 염두에 두어야 할 것은 무용극의 종합성은 극장기술의 종합적 예술성과 테크놀러지의 발전과 병행한다는 사실, 그러나 그러한 취약성에도 불구하고 안무자는 일관되게 그 형식의 유용성(有用性)을 믿고 있었다는 점이다. 이것은 바꿔 말해 오늘날 그 같은 소재를 가지고 후배 안무가가 안무한다면 훨씬 더 세련되고 조직적인 춤의 앙상블을 획득할 수 있을 것이라는 지적이다. 따라서 그런 작업의 평가에 있어서, 오늘의 시각도 시각이지만, 당시의 상황을 염두에 두는 양안(兩眼)적 시각이 필요하다 보겠다.

여하튼 그런 공연을 통하여 송범은 한국무용이 때론 탐미적이고, 때론 부드러운 미풍 같으며, 때론 천둥과 같은 입체성을 띨 수 있는 가능성을 제시했다. 말하자면 다소 동작의 단순성은 있어도 인간 삶의 여러 측면을 한국무용이 독자적으로 그릴 수 있으며, 그것은 충분히 극장예술적 감동을 자아낼 수 있다는 말이다. 천민으로서 아내를 빼앗겨야 하는 도미(〈도미부인〉), 천상과 지상 사이의 그 넘지 못할 벽(〈별의 전설〉), 적을 더 사랑케되는 인간의 알지 못할 심성(〈그 하늘 그 북소리〉)이 모두 그 같은 것이라 할 수 있다. 더불어 송범은 그 형식을 통해 국수호, 박정목, 이문옥, 양성옥, 이미미, 김지영, 홍형경, 최정임, 양승미와 같은 강한 개성의 캐릭터들을 발굴해내는 성과를 얻기도 했다.

오늘의 시각에서 그러한 송범의 예술적 노력은 지나치게 복고적이거나 전통적이라고 폄하될 수도 있겠지만, 또 다른 시각에선 민속적·설화적 소재의 발견과 재구성을 통해 현대적 극장예술로 양식화된 한국문화 고유의 민족무용의 상(想)을 구축하는 데 필요한 절차의 노력이었다고 평가 될 수 있다. 이것은 송범 이후 특히 그의 애제자 국수호에 의해 보다 개방된 방식으로 무용극 혹은 종합적 춤극이 올려졌음을 볼 때 - 그의 〈오델로〉라든지 〈티벳의 하늘〉 등 - 전자보다는 후자의 긍정적 입장에서 그의 업적을 더 평가하는 것이 옳을 것 같다.

마지막으로 춤의 직업화와 연관시켜볼 때 실제 우리 예술춤의 직업화는 국립무용단을 통해 얻어 왔다고 보는 것이 타당하다. 해방전 배구자에 의해 다카라즈카류의 무용단이 결성되어 그녀를 따르던 이들이 일본을 여행하면서 공연하였다는 기록이 있고, 해방공간시 한동인이 서울발레단을 꽤 짜임새 있게 운영하려는 계획이 있었다는 것이 전해지긴 하지만 모두 일시적이거나 임의적이었고, 건실한 제도의 도움을 받은 것은 아니었다. 직업무용단은 무용 및 스텝의 확보, 레퍼토리의 보유, 재정적 뒷받침이란 세 요소 이외에 고유의 미학적 목표, 훈련 시스템 갖추기와 같은 요소들이 더 따라 주어야 가능하다. 그런 점에서 볼 때 본격 직업무용단의 활동은 국립무용단의 경우 정부의 확고한 뒷받침이 1968년 멕시코 올림픽 참가 후부터라 할 수 있고, 국립발레단/국립무용단의 실질적인 분화가 있게 되는 1972년부터는 현대적 극장공간의 확보 위에서 확고히 진행되기 시작했다고 할 수 있다.

직업무용단의 활동에 있어서 가장 내적 근간이 되는 것은 그늘이 결속과 훈련을 뒷받침하는 '규율'과 하나의 미학적 목표를 향한 '일관성'이라 할 수 있다. 그런 점에서 송범이 이끈 국립무용단은 지금으로서 보기 힘든 매우 타이트한 조직을 가지면서 마치 군대와 같이 움직였다 할 수 있다. 정각 아침 9~10시 훈련에 앞서 다수의 단원들이 8시~8시 30분이면 각자 훈련장에 도착해 몸을 풀기 시작하면서, 이르면 9시부터 훈련으로 직핍하는 시간엄수와 근면성은 이젠 거의 하나의 '신화'가 되어 있다. 더불어 훈련에 있어 어떤 시간적 빈틈이나 공연에 대한 회의(懷疑)를 용납하지 않는 송범의 지도력은 음악에 있어 '가편집 훈련'이란 흥미로운 예를 낳았다. 즉 안무자 송범은 작곡가의 음악이 나오기 전, 자신이 생각하는 분위기를 음악으로 적절히 짜깁기하여 그것 위에 훈련을 이끌고 간다. 이것은 작곡가 박범훈과의 오래된 교감(交感) 위에서 가능한 일인데, 여하튼 송범은 그 한 예를 보더라도 향후 전개되어질 자신의 춤의 전개를 이미 마음속에 다 그리고 있었던 것이다.

그런 훈련시간 엄수, 준비의 철저성은 인간 송범의 단순한 생활습성에서 나온다. 즉 '춤 이외에 모든 것은 전혀 생각지 않은 생활태도'가 그것인데, 이것은 놀랍게도 작고한 조지 발란쉰을 닮았다. 뉴욕시티발레단을 이끈 발란쉰의 일화 중 유명한 것은 그는 연습을 마치자마자 극장으로부터 얼마 안 떨어진 그의 집으로 와 부엌에서 직접 요리를 하며, 거기서 음악을 듣고, 다음 안무를 구상하였다 하는 것인데, 송범의 경우도 한두 가지 취미 - 젊어서는 영화보기, 나이가 들어서는 난(蘭)키우기 - 이외에는 그 어떤 것도 그의 생활 속으로 침범해 들어가지 않았던 것 같다. 많은 예술인들이 낭만적 감성에 젖어 자주 술을 먹거나(폭주에 가까울 정도로), 종종 예술이외의 것에 매달려 많은 시간을 낭비하고 있음을 볼 때, 송범의 단순한 생활패턴은 그를 항상 닥칠 공연을 미리 준비하고, 늘 같은 모습으로 연습에 집중할 수 있는 무용인으로 만든 것 같다. 그것을 그는 이미 조택원·장추화의 스튜디오를 다니면서 익혔고, 춤추는 것은 혹은 그것을 한 사람의 무용인으로서 늘 춤을 생각하며 춤 속에 있는 것이 그 어떤 휴식보다도 즐거운 것임을 깨달은 것 같다. 그를 닮아 정재만·국수호·양성옥 등 그의 모든 제자들이 똑같이 부지런함을 볼 때 예술은 99%가 영감에 1%의 노력이 더해지는 것이 아닌, 99%의 노력에 1%의 창조적 영감이 더해지는 것이라는 아이러니를 더 깊게 깨닫게 된다. 따라서 송범에게 춤은 그의 생활의 모두였던 것이다.

결론적으로 송범은 분단 이후 끊어질 법한 우리 현대춤의 맥을 단순히 행운으로 잡기보다는 자신의 쉼 없는 열정적인 활동으로 붙잡아 이어 가면서, 예술무용으로서의 한국무용이란 민족춤의 가능성을 착안, 그것을 극장 예술화 시켰고, 또 국립무용단의 오랜 무용지도자 생활을 통해 국립 고유의 훈련 시스템과 춤 교육환경을 구축했다. 물론 모두 각각의 영역에서 일백 퍼센트 성공한 것은 아니었지만, 적어도 부인 할 수 없는 것은 우리 예술춤이 나름대로의 전통과 체계를 갖추게 되는 '큰 주춧돌'을 놓은 것만은 분명하다 하겠다. 더불어 이 기회에 그의 후기 활동만 염두에 두고, 그를 좁은 의미의 한국무용가로 보는 무지한 태도는 대폭 수정되어야 할 것이다.

2. 그의 춤예술과 정신적 유산

(1) 송범의 춤예술은 '두 가지의 모습'으로 보아야 한다. 국립무용단이 본격적인 활동에 들어가는 1968년 이전과 이후가 그것인데, 그 이전의 송범 춤의 모습은 현대무용(뷔그만적 표현무용) 내지 낭만풍의 현대발레의 모습을 지녔고, 그 이후는 이른바 극장예술로서의 창작적인 한국무용의 모습이다. 1950~60년대 한국문화 전반에 번진 실존주의와 모더니즘의 열풍은 송범 춤을 '실존적인 남성 춤의 고뇌의 상(像)'을 더 지니게 했다. 특히 50년대 작품들인 〈참회〉, 〈전선〉, 〈사사(使蛇)의 춤〉, 〈패배자〉, 〈생령(生靈)의 신음〉, 〈현대인〉 등은 그 제목만 보아도 그렇다. 60년대는 발레풍의 춤으로 많이 기울어지다가(임성남 등의 영향) 멕시코올림픽 이후 송범은 창작 한국무용가로서의 존재를 더 부각시키게 된다. "한국무용을 추는 사람은 많아도 그것을 가지고 무대춤을 만들 수 있는 이는 없었다"는 평소의 선생의 말은 현대무용에서 익힌 창

작력을 한국무용에 도입, 스스로 창작 한국무용가가 될 수밖에 없었던 상황을 말해준다. 당시 늘 친하게 지냈던 한영숙·김백봉 선생 등의 영향이 특히 컸다.

(2) 송범 춤은 '민족적 무용'의 모습을 띠며 '한국 문화의 정체성'을 늘 구현하려 애썼다. 68년 이후 선생은 집중적으로 한국적 소재, 한국적 창작음악, 한국적 의상을 가지고 한국적 스펙터클을 완성하려 했다. 그가 일찍 익힌 현대무용 테크닉이나 표현법, 발레나 이국풍의 춤은 모두 한국적 민족무용의 모습을 갖추기 위해 수용되었고 용해되었다. 견우직녀 이야기, 왕자호동 이야기, 도미부인의 설화, 승무 속에 숨은 삶의 애환, 늙은 부부애(愛)와 같은 소재의 무용화를 비롯해 70년대 관심을 끈 민속적 전통문화를 그 1차적 소개의 차원이나 소박한 재현에 머물지 않고, '극장 무용으로서의 변화와 승화'를 늘 목표로 했다. 재주 있는 민속예인과 다른, 본격 현대적인 극장예술인으로서의 자신의 모습을 세우려 했다.

(3) 국립무용단에 몸 담았던 30년간(1962~1991) 선생은 변함없이 '직업예술인'으로서의 모습을 매우 건실하고 성실하게 보여주었다. 시간의 엄수, 공연의 사전준비, 고도의 앙상블 구축을 위해 반복적 연습, 그런 가운데 '숨은 스타들'의 발굴을 위한 일관되고 애정 있는 지도자(指導者)의 모습은 오늘날 직업예술인들이 과연 무엇을 어떻게 할 수 있을 것인가에 많은 지침을 준다. 직업예술인으로서의 국가에 의해 선택된 것에 늘 감사하게 생각하며, 어떤 일이든 최선을 다해 춤의 현장을 지키고 일구려했던 모습 - 소중한 귀감이 아닐 수 없다. 선생을 따르는 여러 제자들도 또한 현재 그 같은 길을 가고 있음을 볼 때, 그 말없는 우직한 실천력이 송범 춤의 귀한 '정신과 몸의 유산(遺産)'이라 할 수 있다.

송범의
발자취

| 송범 무용발표회(1955)

| 국립극장(1956)

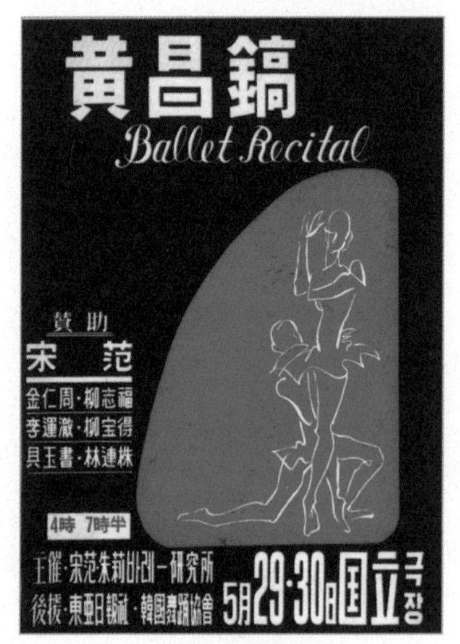

| 송범 무용발표회

| 국립무용단(1982)

| 송범 신작무용 발표회(1956)

| 국립극장(1962)

| 제4회 국립무용단(1964)

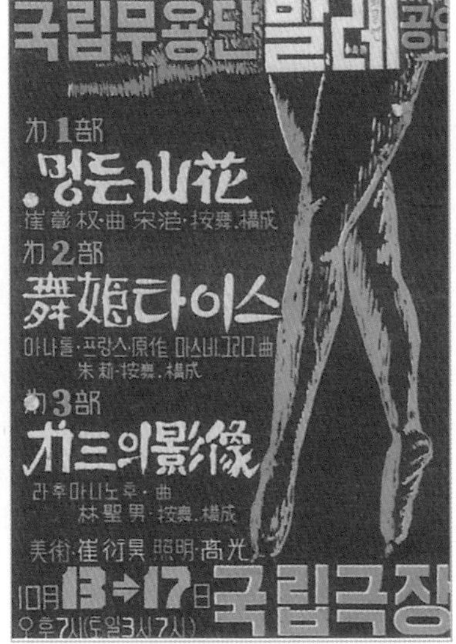

| 국립무용단(1956)

| 경축 5.16 예술제전(1966)

| 초혼(1968)

| 봉선화 이모란정(1969)

| 한국무용제전(1974)

| 별의 전설(1973)

| 한국무용제전(1974)

| 호동왕자(1974)

| 한국무용제전(1975)

| 한국무용제전(1975)

| 한국무용제전(1976)

喊 聲

| 함성(1976)

| 함성(1976)

| 함성(1976)

| 함성(1976)

| 마음속에 이는 바람(1978)

| 종합무용제(1978)

| 꿈, 꿈, 꿈(1979)

| 푸른천지(1980)

| 허생전(1980)

| 별의 전설, 심청, 시집가는 날(1980)

| 송범 무용전(1982)

| 송범 무용전(1982)

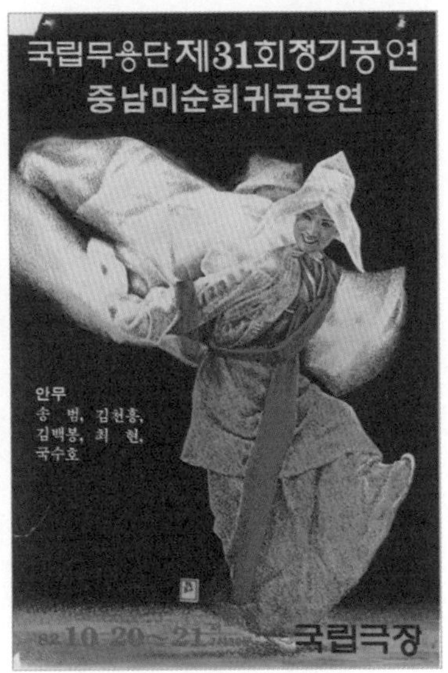

| 중남미 순회 귀국 공연(1982)

| 한국무용전(1983)

| 명무전(1983)

| 도미부인(1982)

| 북의 대합주 · 도미부인(1985)

| 은하수 포스터(1986)

| 북소리와 춤의 대교향(1988)

| 도미부인(1988)

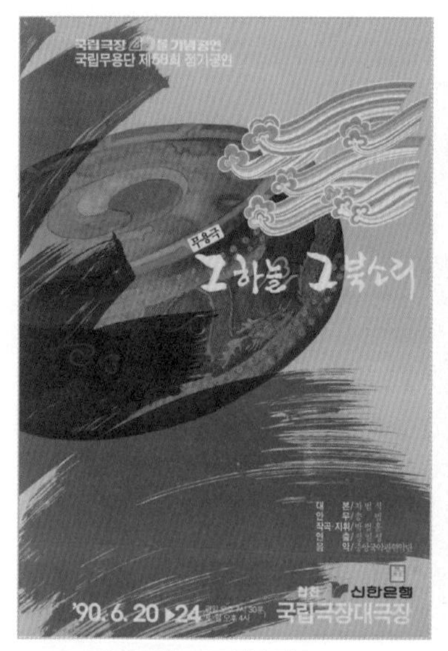

| 그 하늘 그 북소리(1990)

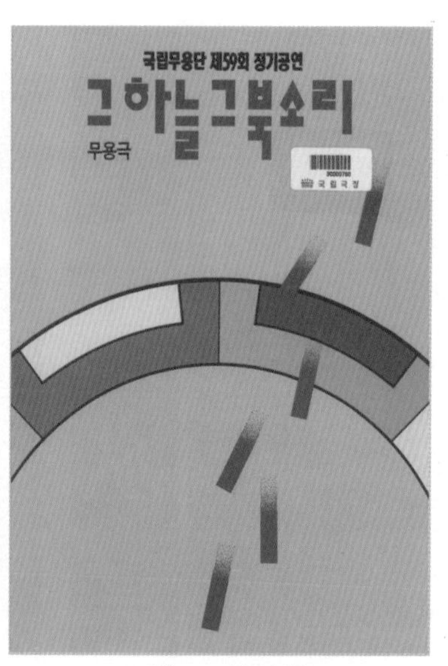

| 그 하늘 그 북소리(1990)

| 그 하늘 그 북소리(1991)

| 그 하늘 그 북소리(1991)

| 그 하늘 그 북소리(1991)

| 도미부인(1992)

| 황혼의 노래(1995)

| 송범 팸플렛(2011)

| 송범 팸플렛– 송범 흉상 기념식 국립무용단 50주년(2012)

| 아 송범 포스터(2012)

| 송범 10주기 추모공연 범무회(2017)

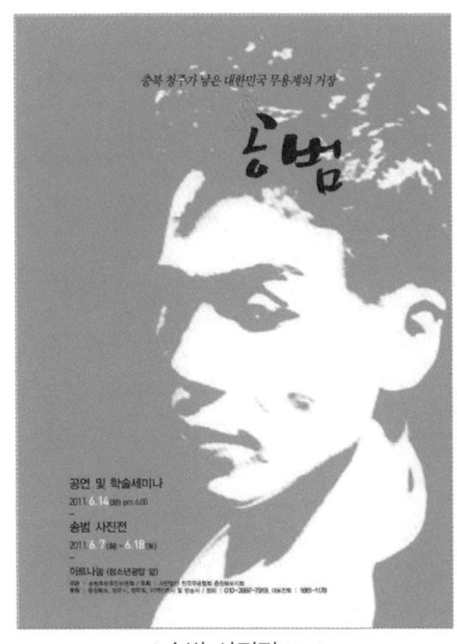

| 송범 사진전(2011)

| 송범 학술세미나(2011)

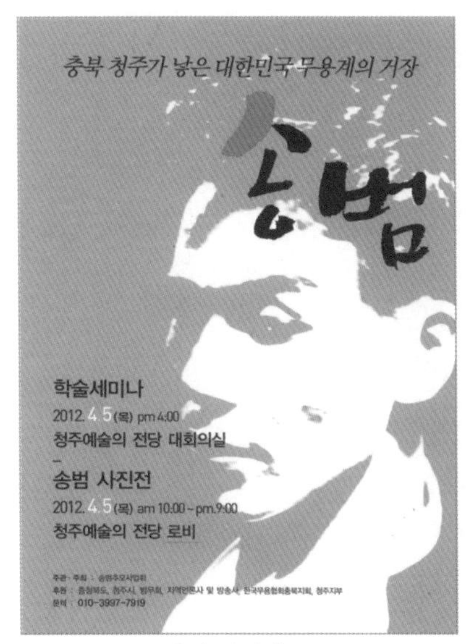

| 송범 사진전(2012)

| 송범 춤 강습회(2012)

| 송범 학술세미나(2012)

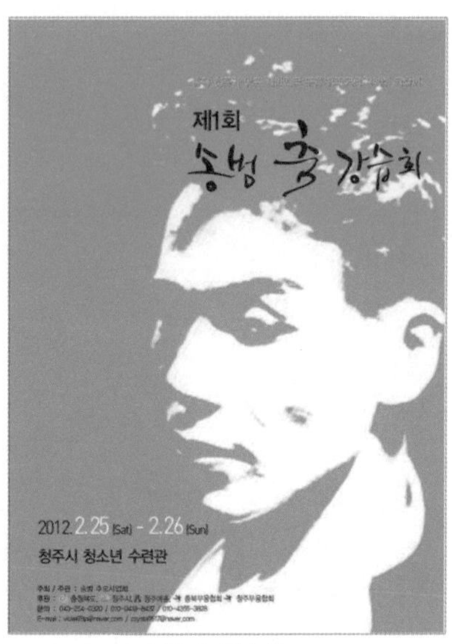

| 송범 춤 강습회(2012)

| 송범 춤 강습회(2013)

| 송범 바람의 입맞춤(2013)

| 송범 춤 그후(2014)

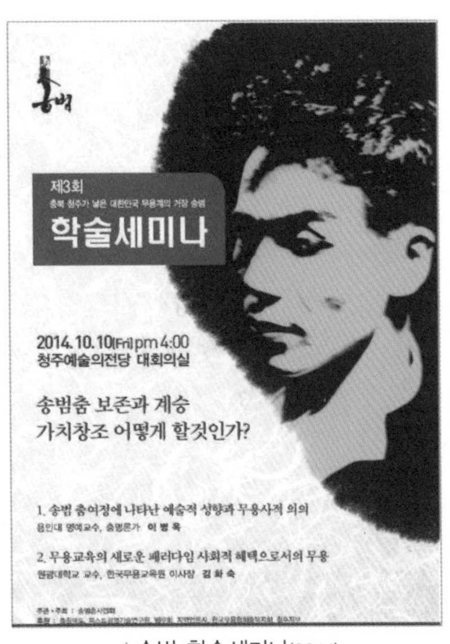

| 송범 학술세미나(2014)

| 송범 춤 강습회(2014)

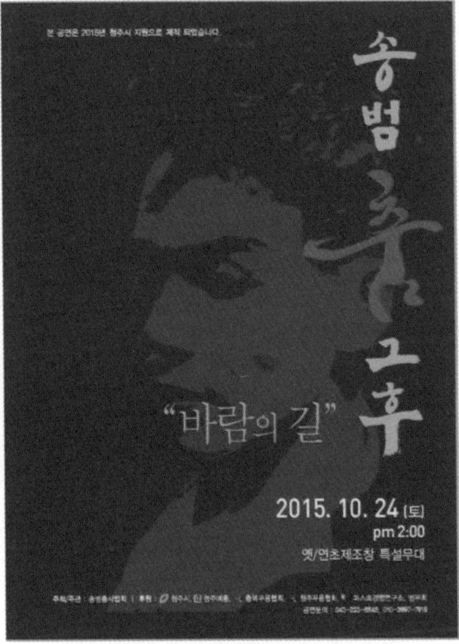

| 송범 춤 그후 바람의 길(2015)

대한민국이 낳은 무용계의 거장 송범 춤 그 후…
명작
명무를
잇다
삶꽃, 바람꽃
The Road
참회
2016. 7. 20(수) 7:30 PM
청주아트홀(구 시민회관)

| 명작 명무를 잇다(2016)

| 송범 춤 그후 139인(2017)

송범춤사업회

- 고 문: 류명옥
- 회 장: 박서연
- 부회장: 이태영,윤보경
- 이 사: 박미령, 박소원, 손경선, 민성희, 박수정, 권수경, 류석훈, 김주성, 이주희, 이미례

발전운영위원

- 박정자, 윤승희, 이상신, 김우경, 김기현, 이동규, 이인숙, 김양식, 김병철, 송봉화, 윤소영, 주재구, 김평호, 강전섭, 진운성

자문위원

- 류귀현, 국수호, 양성옥, 손병우, 박숙자, 최영숙, 김동연, 문상욱

*이 책은 〈충북의 역사문화인물 재조명학술회의(2015·충북학연구소)〉, 〈송범의 작품연구에 대한 재고(2016·무용기록학회)〉, 〈근대신문속 무용광고(2016·몸)〉를 기반으로 하여 2017년 작품분석을 포함한 3년간의 연구 결과를 엮어 낸 것임을 밝혀둔다.

이찬주

한양대학교 학사 · 석사 · 박사졸업
2013.11 ~2014.10 HarvardX(Harvard University)
현) 이찬주춤자료관 대표 및 관장
무용기록역사학회 이사
한국무용연구학회 편집위원
춤평론가
춤이론연구소(www.dancetheory.pe.kr)소장

황희정

이화여자대학교 무용과 학사 졸업
한국예술종합학교 무용이론 전문사 졸업
한양대학교 무용학과 박사 졸업
현) 부천문화재단 선임이사
무용역사기록학회 상임이사
국제고려학회 편집위원